# MANUEL

## THÉORIQUE & PRATIQUE

### DE LA

# COUPE DES MÉTAUX

## *en Feuilles*

par

ALEXIS BERTRAND

Novembre 1900

# Manuel théorique et pratique

DE LA

## Coupe des Métaux en Feuilles

*Illustré de 71 Planches*

Contenant les instructions pour le développement et la coupe de tous
les objets en usage chez les Fabricants d'Ornements en
zinc, de travaux d'Architecture, de Ferblanterie,
de Couverture, de Plomberie, de Chaudron-
nerie, de Fumisterie, etc., etc.,

PAR

Alexis BERTRAND

En Vente : Chez l'Auteur, 22, Rue des Halles

ALEXIS BERTRAND

# PRÉFACE

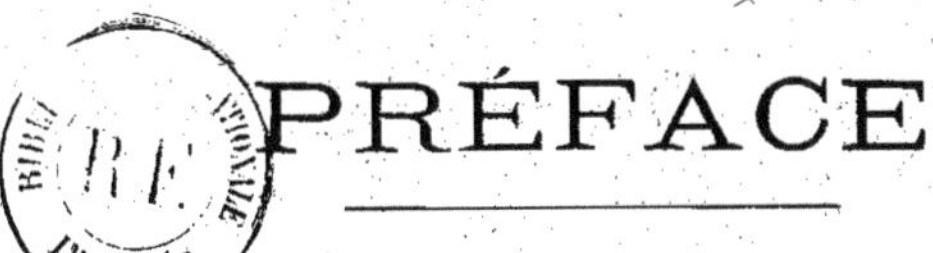

En publiant cet ouvrage, que je me suis efforcé de rendre clair et précis, je crois rendre de réels services a un grand nombre de personnes appelées à exécuter certains travaux en Zinc, en Cuivre ou en tout autre métal en feuilles.

Dans ces sortes de travaux, on n'arrive généralement au résultat que l'on veut obtenir qu'après une série de tâtonnements dont la conséquence est inévitablement une perte sérieuse de temps et de matière première.

Ce manuel est présenté surtout au point de vue pratique ; il est à la portée de toute personne ne possédant aucune connaissance spéciale de dessin, bien que l'application de cette méthode sur la coupe des métaux en feuilles entre pour une grande partie dans la géométrie.

Les principaux éléments de dessin géométrique placés en tête du volume sont donnés comme guide pour les dessins qui suivent, et permettront de résoudre les différents problèmes indiqués dans le cours de l'ouvrage.

En consultant le dessin d'un objet quelconque à exécuter, le patron et l'ouvrier trouveront en regard de ce dessin, qu'un simple coup d'œil suffira souvent pour faire comprendre, les explications qui donneront, le cas échéant, la marche à suivre pour l'exécution de tout autre objet de forme à peu près semblable.

J'ai donné comme exemple des dessins d'articles variés tels que Vases, Kiosques, Volières, Baignoires, Moulures à profils divers, etc. Aussi cet ouvrage peut-il être fort utile à tout ouvrier désireux de s'instruire. Il pourra ainsi apprendre et faire chez lui, en temps perdu, des objets plus ou moins faciles, souvent artistiques qui le perfectionneront dans sa profession et la lui feront aimer davantage.

Une Planche à dessin, un Té, une Equerre et un Compas sont les seuls instruments nécessaires.

## Ouvrage agréé et recommandé

*Par la Chambre Syndicale des Ouvriers Ferblantiers et parties similaires du département de la Seine.*

*Par la Chambre Syndicale des Ouvriers Ornemanistes sur métaux pour l'Architecture.*

# NOTIONS DE GÉOMÉTRIE

## EXPLICATION DES FIGURES

**1° Le Point.** — La rencontre de deux lignes détermine un point.

Ainsi le point *a* résulte de la rencontre des lignes *bc* et *de*. Le point *a* s'appelle point d'intersection.

**2° La ligne droite.** — Chacun de nous a naturellement l'idée de la ligne droite. Un fil à plomb en équilibre nous en donne une idée et cette droite se nomme ligne verticale ; l'horizon extrême de la vue nous en donne encore un exemple, cette droite se nomme ligne horizontale. La ligne oblique est une ligne inclinée qui n'est ni verticale ni horizontale.

**3° Lignes parallèles.** — On appelle lignes parallèles deux droites tracées sur un même plan, et qui, prolongées indéfiniment, ne se rencontrent jamais. Telles sont les deux droites *abet cd*. Plusieurs parallèles sont équidistantes lorsque les distances entre elles sont égales. Exemple : Les droites *a*, *b*, *c* et *d*.

**4° Les Angles.** — On appelle angles l'ouverture plus ou moins grande que représente la figure de deux droites qui se coupent. Le point *o* de rencontre des deux droites se nomme sommet de l'angle les droites, en sont les côtés.

Un angle droit est formé par deux droites perpendiculaires. Un angle aigu est un angle plus petit qu'un angle droit. Un angle obtus est un angle plus grand qu'un angle droit.

Pour diviser un angle quelconque en deux parties égales, du sommet *o* comme centre avec un rayon quelconque, décrivons un arc *ef* des points *e* et *f* comme centres, avec un rayon plus grand que la moitié de *ef*, décrivons successivement deux arcs de cercles qui se rencontreront au point *d*. Ensuite, traçons la ligne *od* ; cette droite qui divise l'angle en deux parties égales s'appelle bisectrice d'un angle.

**5° Lignes perpendiculaires.** — Lorsqu'une droite *ce* forme avec une autre droite *ab* deux angles égaux *cea*, *ceb* on dit que la droite *ce* est perpendiculaire sur *ab* (*fig. 1*).

Élever une perpendiculaire au milieu d'une ligne droite donnée *ab* (*fig. 1*). — Du point *a* comme centre avec un rayon quelconque, mais plus grand que la moitié de *ab* nous décrirons deux arcs de cercle, l'un au dessus, l'autre au dessous de *ab*. Du point *b* comme centre avec le même rayon, nous décrirons deux autres arcs de cercle coupant les deux premiers en deux points *c* et *d*, menons la droite *cd* et cette ligne sera la perpendiculaire cherchée, au milieu de *ab*.

Par un point *c* pris hors d'une droite *ab* abaissez une perpendiculaire à cette droite (*fig. 2*). Du point *c* comme centre avec un rayon quelconque, décrivons un arc de cercle qui coupera la droite *ab* aux deux points *e* et *f*. De chacun de ces points comme centre, avec un rayon plus grand que la moitié de la distance *ef*, décrivons successivement deux arcs de cercles qui se couperont en un point *d* ; menons la ligne *cd* qui sera perpendiculaire sur *ab*.

La figure n° 3 représente une perpendiculaire élevée à l'extrémité d'une droite ; même démonstration que pour les figures précédentes.

**6° Cercle. Circonférence.** — La circonférence est une ligne courbe caractérisée par la propriété suivante : tous les points de cette ligne sont à la même distance d'un point intérieur, appelé centre. Toute ligne droite allant du centre à la circonférence est un rayon. Ex : La ligne *cd*. Un droite passant par le centre, et ayant ses deux extrémités sur la circonférence s'appelle un diamètre. Ex. : La ligne *ab*.

On appelle arc de cercle une partie de la circonférence. Exemple : Les parties *ad*, *db*, *bs*, *ef*.

La droite qui joint les deux extrémités d'un arc se nomme la corde de l'arc. Ex. : La droite *ef* joignant les extrémités de l'arc *ef*.

La perpendiculaire élevée sur le milieu de la corde d'un arc se nomme flèche. Ex. : La droite *gh*

La portion de surface entourée par une circonférence s'appelle cercle.

L'espace enfermé entre deux rayons et l'arc qui joint leur extrémités s'appelle secteur de cercle. Ex. : La surface *acd* est un secteur,

On appelle segment de cercle la portion *egf* d'un cercle comprise entre un arc *egf* et sa corde *ef*.

**7° Mesure des lignes courbes.** — Pour mesurer une ligne courbe, la ligne *ab* par exemple (*fig. 5*) on marque sur cette courbe un certain nombre de points *cde* à peu près également espacés et choisis de façon que les droites *ac*, *cd*, *de*, *ef*, s'écartent un peu de la ligne courbe *ab*. On mesure alors la longueur de la ligne brisée *acdefgb*, et cette longueur est approximativement égale à celle de la courbe *ab*. L'approximation est d'autant plus grande que les points *c*, *d*, *e*, sont plus nombreux.

Pour mesurer la longueur d'une circonférence de cercle, l'on pourrait employer la méthode précédente et mesurer le périmètre d'un polygone inscrit dans le cercle et différent peu de la circonférence (*fig. 4*). Mais au lieu de mesurer la circonférence on la calcule et pour calculer cette longueur il suffit de mesurer son diamètre.

On démontre qu'il existe entre la longueur d'une circonférence et celle de son diamètre, un rapport invariable, le même pour tous les cercles. Ce rapport a pour valeur à moins d'un dix-millième près le nombre décimal 3.1416.

# NOTIONS DE DESSIN GÉOMÉTRIQUE

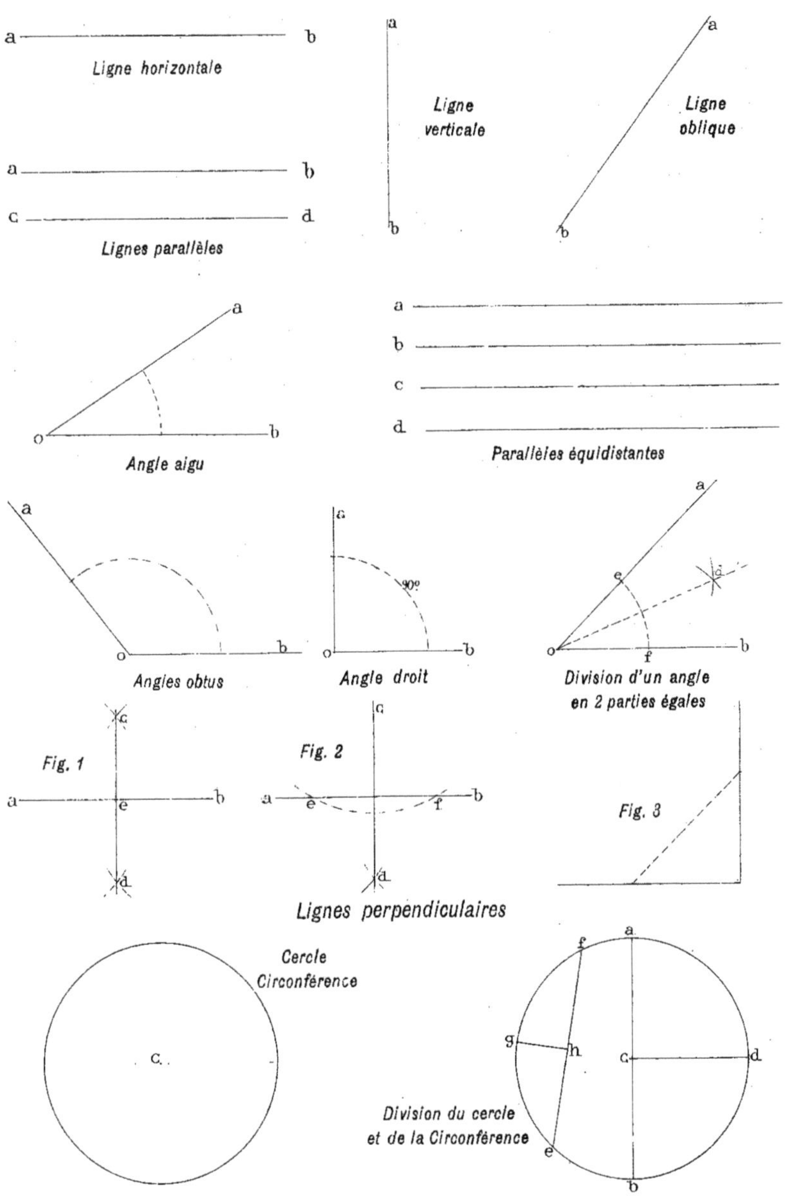

De là il résulte qu'on aura la longueur d'une circonférence en multipliant la longueur de son diamètre par ce nombre 3,1416

Pour évaluer les arcs d'une circonférence, on suppose la circonférence divisée en 360 parties égales appelées degrés. Chaque degré se divise en 60 minutes, et chaque minute en 60 secondes. Pour indiquer la valeur d'un arc, on dira combien cet arc a de degrés, de minutes et de secondes c'est-à-dire la mesure de l'angle formé par les lignes joignant ses extrémités à son centre (fig. 6).

Ayant la valeur d'un arc en degrés on peut donc avoir sa longueur réelle en cherchant la longueur de la circonférence qui le contient. Exemple : La longueur d'une circonférence étant de 15ᵐ00 on dira 360° = 15ᵐ00 un degré 360 fois moins et 65° (la valeur de l'arc) 65 fois plus =

$$\frac{15^m00 \times 65}{360} = 2^m70.$$

# LES POLYGONES

**8º Les triangles.** — Trois lignes droites qui se rencontrent en des points différents, et qui sont terminés à leurs points d'intersection forment une figure appelée triangle ; donc un triangle est un polygone de 3 côtés (fig. 7). Un triangle dont deux côtés sont égaux s'appelle triangle isocèle (fig. 8), ou les deux côtés *ab* et *ac* sont égaux le sommet *a* où se réunissent les deux côtés égaux s'appelle sommet du triangle isocèle, le côté *bc* est la base du triangle.

Lorsque dans un triangle les trois côtés sont égaux, on dit que le triangle est équilatéral. Tel est le triangle *abc* représenté par la figure 9.

Lorsque l'un des angles d'un triangle est droit, ce triangle s'appelle triangle rectangle (fig. 10). Le côté *ab* du triangle rectangle qui est opposé à l'angle droit prend le nom d'hypoténuse du triangle.

Un carré est un polygone appelé quadrilatère et qui a les quatre côtés égaux et les quatre angles droits.

Un rectangle est un quadrilatère dont ses quatre angles sont droits et ses côtés opposés égaux.

Un losange est un quadrilatère dont les quatre côtés sont égaux et les angles opposés égaux. Le rectangle et le losange sont des parallélogrammes car leurs côtés opposés sont parallèles.

**9º** On appelle **Polygones réguliers** les polygones qui ont tous leurs angles égaux et tous leurs côtés égaux. Le carré et le triangle équilatéral en sont des exemples.

Si l'on divise une circonférence en un certain nombre de parties égales, et qu'on joigne par des lignes droites les points de divisions consécutifs, on obtiendra un polygone régulier. Exemple : Le pentagone qui est un polygone de cinq côtés, les figures 11, 12, 13.

**10º** Pour inscrire un carré dans une circonférence (fig. 11) on trace les deux diamètres *ac* et *bd* perpendiculaires entre eux puis on mène les lignes droites *ab*, *bc*, *cd*, *da*. Le carré est ainsi construit. Ayant construit le carré, menons du centre une perpendiculaire sur l'un des côtés *ab*, cette perpendiculaire rencontre le point *e*. Joignons *ae*, *eb*, puis portons successivement sur la circonférence, avec le compas, des cordes égales à celles-ci, nous avons construit l'octogone régulier *aebfgdh*, polygone de huit côtés.

En répétant cette construction sur l'octogone, on inscrirait dans la circonférence les polygones de 16, 32, 68 côtés.

**11º** Pour inscrire dans une circonférence un hexagone régulier qui est un polygone de six côtés, on prend une ouverture de compas égale au rayon, et on la porte successivement six fois sur la circonférence. On obtient ainsi l'hexagone régulier (fig. 12) *abcdef*.

Pour inscrire le triangle équilatéral on joint de deux en deux les sommets par les droites *ac*, *ce*, *ea*.

**12º** Lorsqu'on a inscrit dans le cercle l'hexagone régulier (fig. 12), si l'on mène du centre *o* un rayon *oh* perpendiculaire sur le côté *bc* de l'hexagone, la corde *ah* est le côté dodécagone régulier ou polygone de 12 côtés.

En menant du même centre une perpendiculaire sur *ah*, on obtiendra le côté du polygone régulier de 24 côtés inscrit. On aura ainsi les polygones réguliers inscrits de 12, 24, 48, etc., côtés.

**13º** La courbe appelée Ove se compose de quatre arcs de cercle. Pour l'obtenir, on décrit d'abord une circonférence dans laquelle on trace deux diamètres perpendiculaires *ab* et *cd*. On mène et on prolonge les lignes droites *ad* et *bd* du point *a* comme centre avec *ab* pour rayon, on décrit l'arc de cercle *bf*. Du point *b* comme centre avec le même rayon on décrit l'arc de cercle *ae*. Enfin, du point *d* comme centre avec *de* pour rayon, on n'a plus qu'à décrire l'arc *ef*. On a ainsi l'ove *acbfe*.

**14º** La courbe appelée Ovale se compose également de quatre arcs de cercle. Pour l'obtenir étant donné la longueur *ab* seulement, on divise la ligne *ab* en trois parties égales ; de chacun des points *c* et *d* comme centre on décrit deux circonférences qui se coupent aux points *e*, *f*. On mène et on prolonge les droites *ed*, *ec*, *fd* et *fc*, jusqu'à leur rencontre avec les circonférences aux points *i*, *j*, *g*, *h*, des points *e*, *f* traçons les arcs de cercle *ij*, *gh*. On a ainsi l'ovale *ajibhg*.

**15º Anse de panier.** — L'anse de panier se compose de trois arcs de cercle, et se construit de la manière suivante étant donné le grand diamètre *ab* et le petit diamètre *cd*.

De chaque côté du point *c* l'on fait les distances *ce*, *cf* égales au petit diamètre ; portons sur les lignes *da*, *db* la différence *ae* ou *bf* qui doivent être semblables ; sur le milieu de *ag* ou *bh* on élève des perpendiculaires qui couperont la ligne *ab* aux points *k* et *l* et se rencontreront en un même point sur la ligne *dc* prolongée. Des points *k* et *l* comme centres on décrira les arcs *ai* et *bj*; du point de rencontre sur la ligne *bc* comme centre on trace l'arc *ij*; la courbe *aidjb*, ainsi tracée est l'anse de panier. En décrivant de chaque côté de la droite *ab* deux anses de panier égales, on obtient l'ovale trouvé avec les deux diamètres donnés.

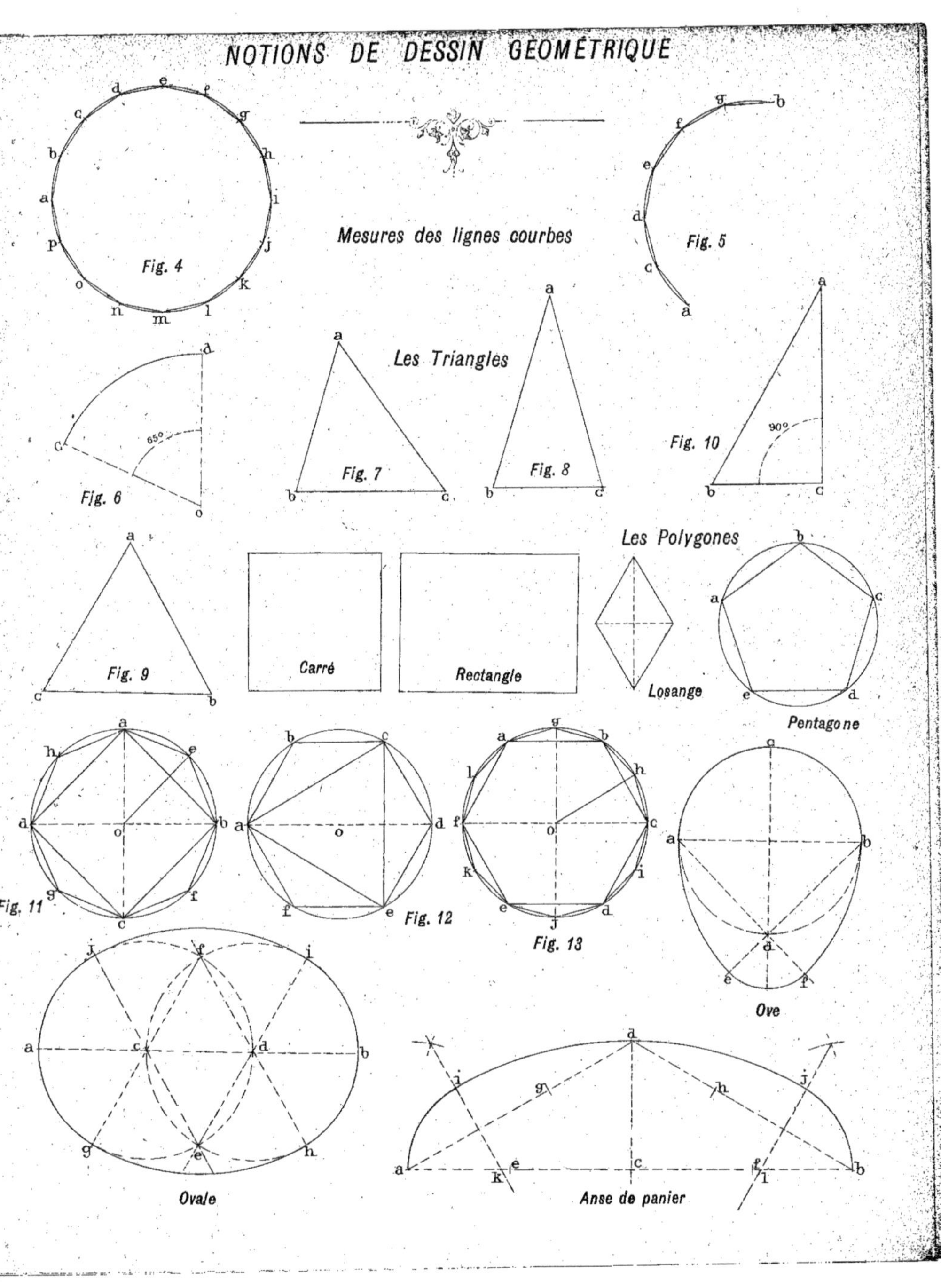
Mesures des lignes courbes
Fig. 4
Fig. 5
Fig. 6
650
Les Triangles
Fig. 7
Fig. 8
Fig. 10
90°
Fig. 9
Carré
Rectangle
Les Polygones
Losange
Pentagone
Fig. 11
Fig. 12
Fig. 13
Ove
Ovale
Anse de panier

# OBJET CONIQUE — UN ENTONNOIR

Ce modèle est donné seulement comme exemple ; tous les développements d'objets ayant la forme d'un tronc de cône régulier sont obtenus par le même procédé.

Tracez d'abord votre élévation et votre plan, ces deux figures égales aux dimensions de votre modèle.

DÉVELOPPEMENT N° 1. — Divisez le cercle du plan du bord supérieur en un nombre quelconque de parties. Poursuivez les lignes $ac$, $bd$, jusqu'à leur intersection $o$ avec la ligne centrale de l'objet.

Les distances $oa$ et $oc$, seront les rayons des cercles du développement, la 1$^{re}$ du grand cercle du bord supérieur, la 2$^{me}$ du petit cercle inférieur.

Sur le grand arc de cercle $a'b'a'$, du développement, portez chacune des divisions, du cercle du plan du bord supérieur, joignez les extrémités $a'$ de ces divisions au centre $o'$ ; l'arc de cercle $c'd'c'$ sera la longueur du développement du petit cercle inférieur, joignez les points $a'.c'$, et vous aurez la surface du développement total de la partie n° 1.

Pour le développement de la partie n° 2, le procédé est absolument le même.

Comme pour la figure précédente et comme pour toutes les figures qui vont suivre, plus les divisions des cercles seront multipliées, plus les développements se rapprocheront de la vérité.

# OBJET CONIQUE — UN ENTONNOIR

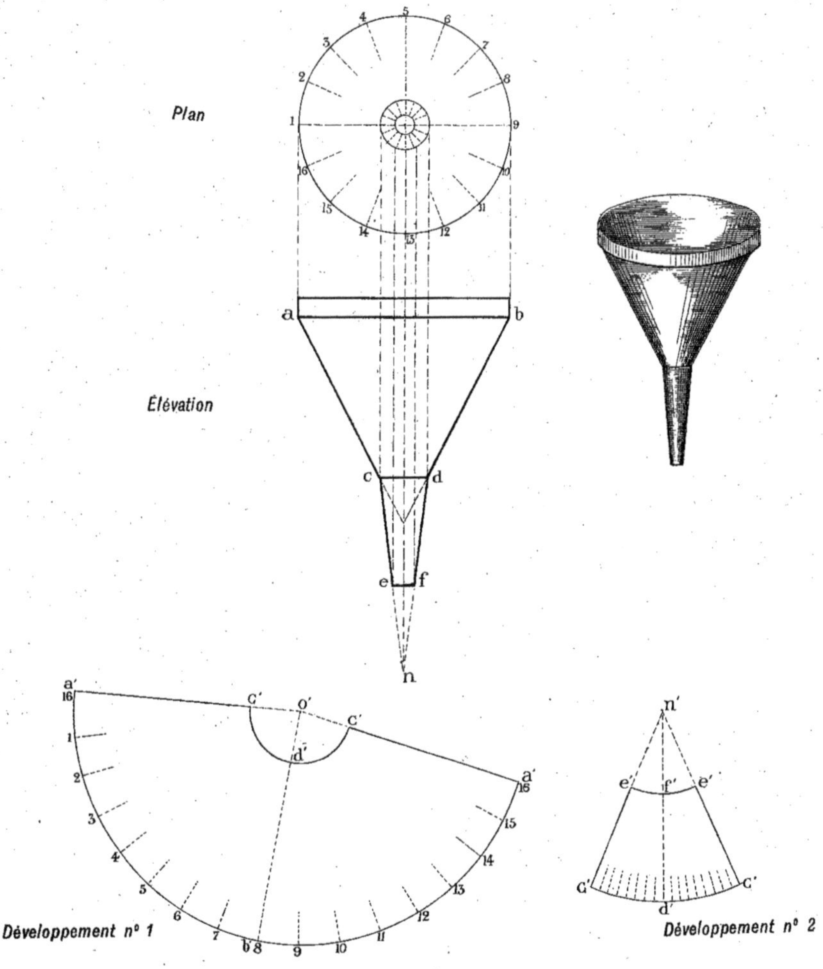

# OBJET CONIQUE — UN COUVERCLE

Ce modèle est seulement donné comme exemple, tous les développements d'objets ayant la forme d'un cône régulier sont obtenus par le même procédé.

Tracez d'abord l'élévation et le plan, ces deux figures égales aux dimensions de votre modèle ; divisez le cercle de la base en un certain nombre de parties, il est compréhensible que plus vos divisions seront multipliées, plus votre développement se rapprochera de la vérité.

L'arête $ac$ du cône sera toujours le rayon du cercle du développement.

Avec un rayon égal à l'arête $ac$ de l'élévation, tracez le cercle du développement, portez sur ce cercle chacune des divisions du cercle de la base, joignez les extrémités de ces divisions au centre $c'$ par les lignes $a'c'$, et vous aurez ainsi la surface du développement total de votre modèle.

Pour obtenir la forme de votre objet rapprochez l'une contre l'autre les lignes $a'c'$ ; le cercle du développement devra être égal au cercle de la base, et la hauteur égale à la hauteur de l'élévation.

# OBJET CONIQUE — UN COUVERCLE

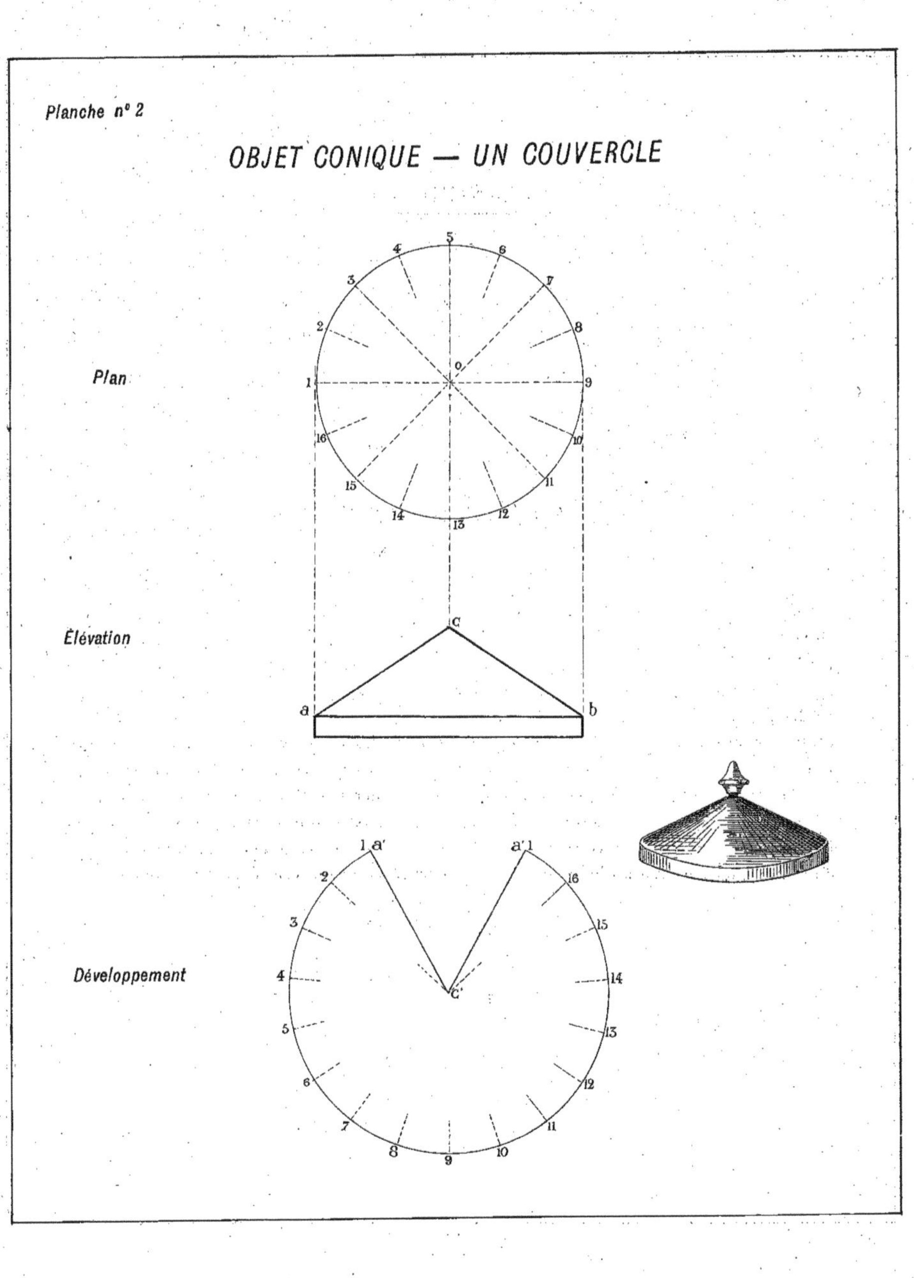

# COUVERCLE OBLONG

Dessinez d'abord votre élévation, puis abaissez les points correspondants et tracez votre plan; vous taites ces 2 figures suivant les dimensions qui vous sont nécessaires. Divisez le demi-cercle d'une des extrémités circulaires en un nombre quelconque de parties.

DÉVELOPPEMENT. — Faites les lignes *a'b'* égales à la ligne *cd* de l'élévation, puis les distances *a'c'*, *b'd'*, égales à l'inclinaison *ca* de l'élévation, des points *c'd'* comme centres et avec un rayon égal à *c'a'* et *d'b'*, décrivez les deux arcs de cercles des extrémités circulaires, sur chacun de ces arcs de cercles portez les divisions du demi-cercle en plan, vous obtenez ainsi le développement des demi-cercles des extrémités circu_ laires, joignez les extrémités de ces arcs de cercles aux points *c'* et *d'* vous avez ainsi le développement total de votre modèle. Pliez la ligne *c'd'* et joignez les lignes *c'a'* et *c'13* ainsi que les lignes *d'b'* et *d'13*, vous obtenez la forme exacte de votre objet.

# COUVERCLE OBLONG

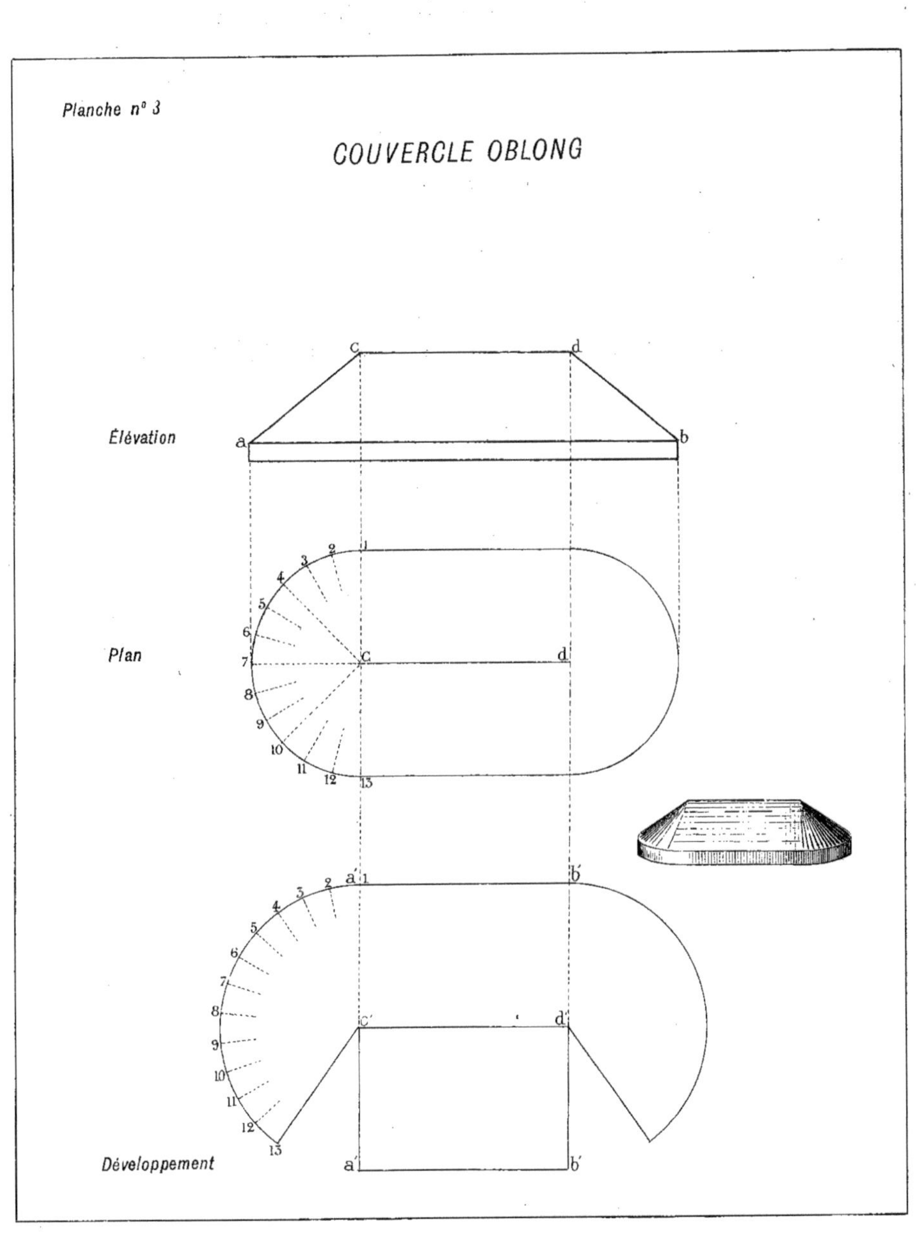

# BASSIN A ANGLES ARRONDIS

Ce bassin, dont les angles sont arrondis suivant le rayon qui vous est nécessaire, a un évasement régulier sur toutes ses faces.

Dessinez votre plan, puis élevez les points correspondants et tracez votre élévation, vous faites ces deux figures suivant les dimensions qui vous sont nécessaires. Divisez un angle quelconque de votre plan en un nombre quelconque de parties; poursuivez les lignes $a'f'$, $b'e'$, de l'élévation jusqu'à leur intersection $n'$. Du point $n''$ comme centre, de la figure du développement, tracez l'arc de cercle $a''b''$ avec un rayon égal à $n'b'$ ou $n'd'$, vous obtiendrez la longueur de cet arc en faisant les divisions $a1$, $1.2$, $2.3$, $3b$, égales aux divisions $a1$, $1.2$, $2.3$, $3b$, de l'angle arrondi du plan; ensuite du même point de centre $n''$ avec un rayon égal à $n'h'$ ou $n'e'$, décrivez l'arc de cercle $e''f''$, tracez les rayons $a''n''$, $1n''$, $2n''$, $3n''$, $b''n''$; perpendiculaire au rayon $n''f''a''$ et des points $f''$ et $a''$ tracez les lignes $a''c''$ et $f''g''$ que vous faites égales aux lignes $ac$ et $fg$ du plan ou de l'élévation.

Des points $b''$ et $e''$ et perpendiculaire au rayon $b''n''$ tracez les lignes $b''k'$, $e''l'$, que vous faites égales aux lignes correspondants $bk$, $el$ du plan; faites les arcs de cercles $k'r'$ et $l's'$ avec les mêmes rayons et de la même longueur que les arcs de cercles $b''a''$ et $e''f''$; continuez de la même manière pour l'autre partie restante, et vous aurez le développement total de la partie évasée de ce bassin.

# BASSIN A ANGLES ARRONDIS

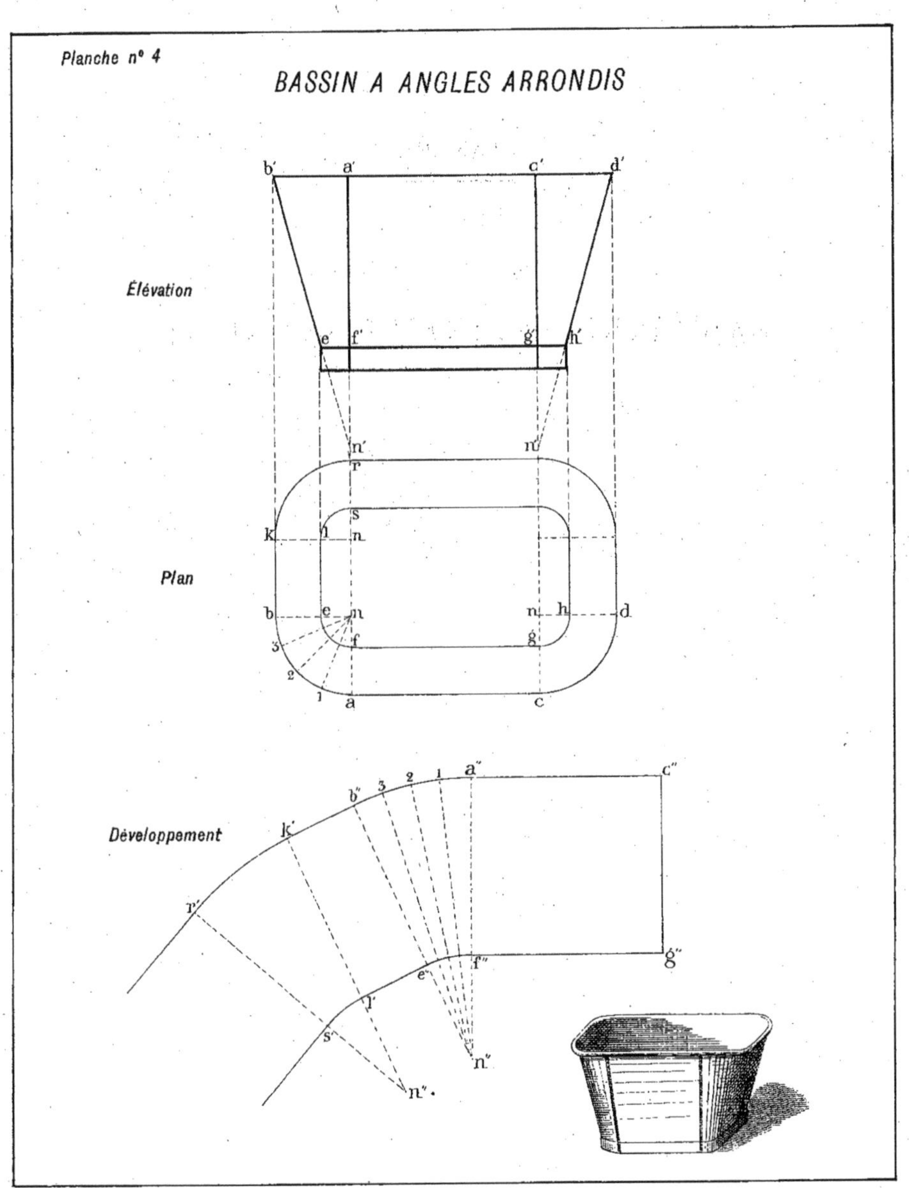

# BAIGNOIRE ORDINAIRE A UNE TÊTE

Cette baignoire est formée de quatre demi-cercles correspondants dont les deux plus grands formant la partie supérieure de la baignoire se raccordent avec les deux plus petits qui en sont le fond. Les deux évasements peuvent être différents à la condition que les demi-cercles inférieurs aient les mêmes centres que les demi-cercles supérieurs.

Tracez votre élévation puis en élevant les points correspondants tracez votre plan ; divisez les deux demi-cercles inférieurs du plan en un nombre quelconque de parties ; poursuivez les lignes *bc*, *de* et *b'c'*, *d'e'*, de l'élévation les points d'intersection *a*, *a'* seront les centres des arcs du développement.

Du point *a* de la figure du développement comme centre avec des rayons égaux à *ab* et *ac* de l'élévation décrivez les deux arcs de cercles *bd*, *ac* dont vous obtiendrez la longueur en faisant les divisions *1, 2, 3, 4, 5, 6, 7, 8* égales aux divisions correspondantes du plan.

Puis ensuite perpendiculaire à *aed* tracez la ligne *ee'*, faites *a'e'd'* parallèle à *aed* du point *a'* avec des rayons égaux à *a'c'* et *a'b'*, tracez les arcs *e'c'*, *d'b'* joignez les points *dd'* ; faites *cc'* égal à *ee'* et perpendiculaire à *a'c'* ; *cb* égal à *cb* du premier arc de cercle et perpendiculaire à *cc*, joignez *b'* et *b* vous aurez le développement nécessaire pour obtenir ce modèle.

# BAIGNOIRE ORDINAIRE A UNE TÊTE

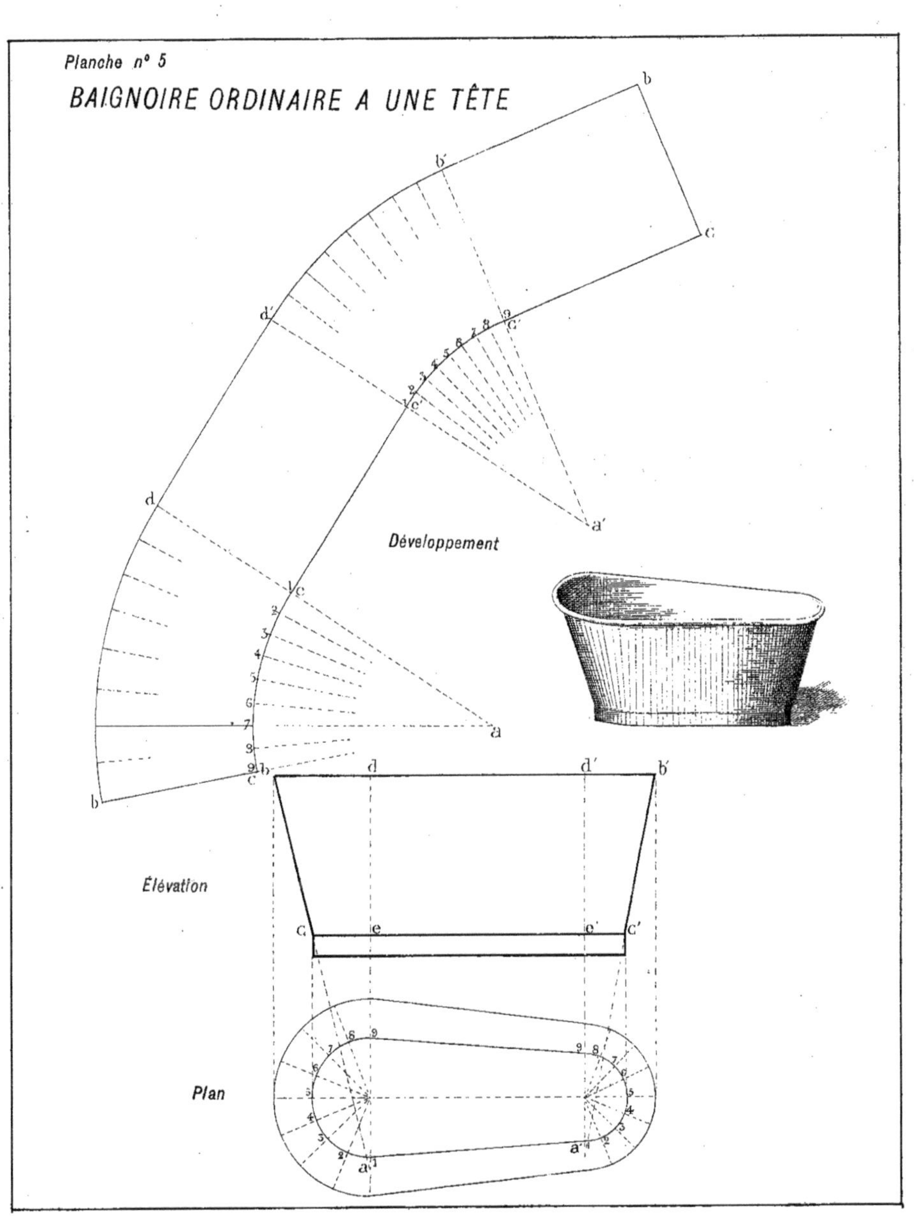

---

# BAIGNOIRE A TÊTIÈRE

Baignoire avec un côté droit demi circulaire et un côté évasé avec têtière.

Dessinez votre élévation, puis en élevant les points correspondants tracez votre plan. le 1er cercle représente donc le fond de la baignore, le 2me correspond avec la hauteur de l'élévation et le 3me cercle *ksd* correspond au développement de la têtière.

### Développement de la têtière

Divisez le quart du cercle *ksd* comme précédemment en un nombre de parties quelconques abaissez chaque point de ces divisions sur la ligne inclinée *AB* de la têtière à chaque intersection tracez une ligne horizontale qui viendra transporter les points correspondants *1.2.3.4.5.6* du plan sur la ligne *bc*.

Prolongez les lignes *bc*, *ad* jusqu'à leur intersection *n* qui vous donnera le point de centre de vos arcs de cercles partant des points *1.2.3.4.5.6* de la ligne *bc*; sur le 1er cercle partant du n° *6* reportez chaque division du plan d'un côté puis inversement de l'autre pour avoir la longueur du développement de la têtière; du point *n* et des points de divisions tracez les rayons *1.2.3.4.5.6* les points d'intersection des arcs de cercles et des rayons sont les points de raccords pour faire passer la ligne de développemeut *efg* de la têtière dont on peut varier la grandeur et le profil suivant les besoins. Pour le développement de la baignoire opérez comme les figures précédentes.

# BAIGNOIRE A TÊTIÈRE

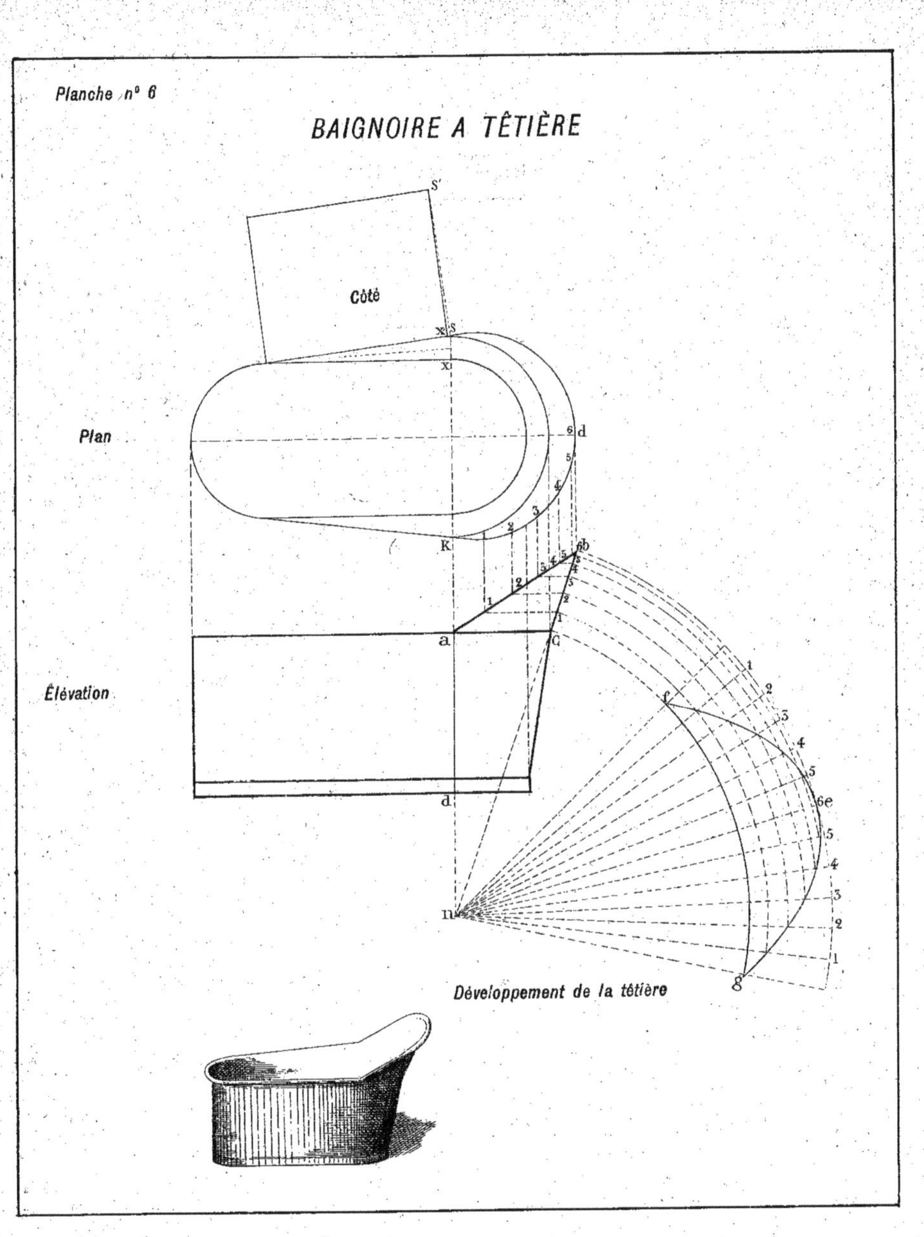

# BAIGNOIRE ORDINAIRE

Baignoire ordinaire dont les extrémités sont formées de deux demi-cercles, les demi-cercles correspondants sont égaux et l'évasement est régulier.

Dessinez votre élévation, puis abaissez les points correspondants et tracez votre plan, selon les dimensions que vous désirez avoir.

Divisez les deux demi-cercles d'une extrémité du plan, soit l'une où l'autre, en un nombre quelconque de parties; poursuivez les lignes de l'élévation *ba*, *eg*, jusqu'au point d'intersection *n.*

Du point *n* de la figure du développement avec des rayons égaux à *na*, *nb* tracez les arcs de cercle *b'e'*, *a'g'* , dont vous aurez la longueur en portant des divisions correspondantes du plan *1.2.3.4* etc. ; perpendiculaire à la ligne *e'n'* et des points *e'h'* tracez les lignes *e'f'*, *g'h'* que vous faites égales aux lignes correspondantes *ef*, *gh*, du plan ou de l'élévation ; vous aurez ainsi la moitié du développement.

Vous obtiendrez le développement total en répétant absolument la même opération, c'est-à-dire à la suite de la ligne *f'h'*, recommencez le développement de l'autre extrémité circulaire en y ajoutant le développement de l'autre côté droit.

# BAIGNOIRE ORDINAIRE

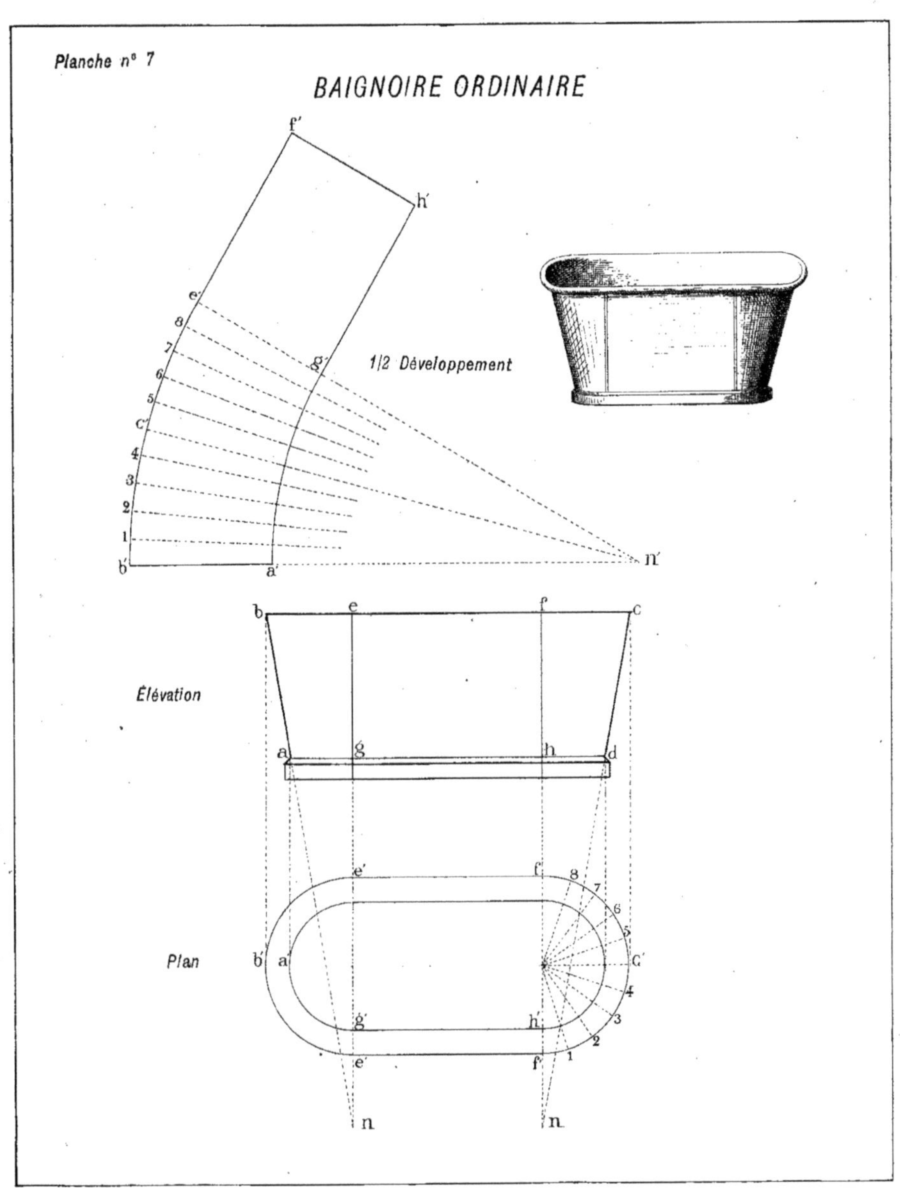

# BAIGNOIRE A TÊTE CIRCULAIRE

Baignoire à tête circulaire dont l'évasement est plus grand que les côtés qui ont un évasement régulier, le fond est droit.

Tracez d'abord votre plan avec les dimensions que vous désirez avoir, puis abaissez les points correspondants et tracez l'élévation; abaissez chacun des centres des cercles du plan sur leur ligne correspondante de l'élévation, le centre $2'$ qui est le centre du cercle du bord supérieur sur le bord supérieur de l'élévation, le centre $1''$ qui est le centre du fond sur la ligne du fond de l'élévation, joignez chacun de ces points, ramenez le point d'intersection $n$, obtenu par le prolongement des lignes $2'1''$, $gh$ perpendiculairement à la ligne centrale $xy$ du plan c'est-à-dire du point $o$.

Divisez la partie circulaire en nombre quelconque de parties, du point $o$ comme centre ramenez chacun des points de divisions sur la ligne $xy$ abaissez ensuite chacun des points de la ligne $xy$, perpendiculairement sur la ligne $eg$ au point $n$ cela vous donnera les points correspondants entre $1''H$ du cercle du fond; du point $n$ comme centre tracez des arcs de cercles partant de chacun des points des lignes $eg$ et $fh$ de l'élévation, sur l'arc de cercle partant du point $g$ portez chacune des divisions du cercle en commençant au n° $2$ joignez chacun de ces points au centre $n$, les points d'intersections de ces rayons avec les arcs de cercles partant des points correspondants des lignes $eg$ et $fh$, donneront la forme du développement de la tête circulaire de la baignoire, pour avoir le supplément $1.2$ et $1'$ du développement; du point $o$ du plan ramenez le centre $1''$ au point $1'$ puis perpendiculairement au côté au point $1$ faites la distance $1.2$ du développement égal à la distance $1.2$ du plan joignez les points $1$ et $1''$ et le développement de la tête est complet.


### DÉVELOPPEMENT DES CÔTÉS ET DU FOND

Faites les lignes $cd$ et $ab$ égales aux lignes $cd$ et $ab$ du plan puis la hauteur entre ces deux lignes égale à la hauteur $ef$ de l'élévation perpendiculairement aux lignes $c1$ et $a1'$, $d1$ et $b1'$ que vous faites égales aux lignes correspondantes $a1'$, $b1'$, $c1$ et $d1$ du plan joignez les extrémités $1$, $1'$ et vous avez le développement des côté et du fond.

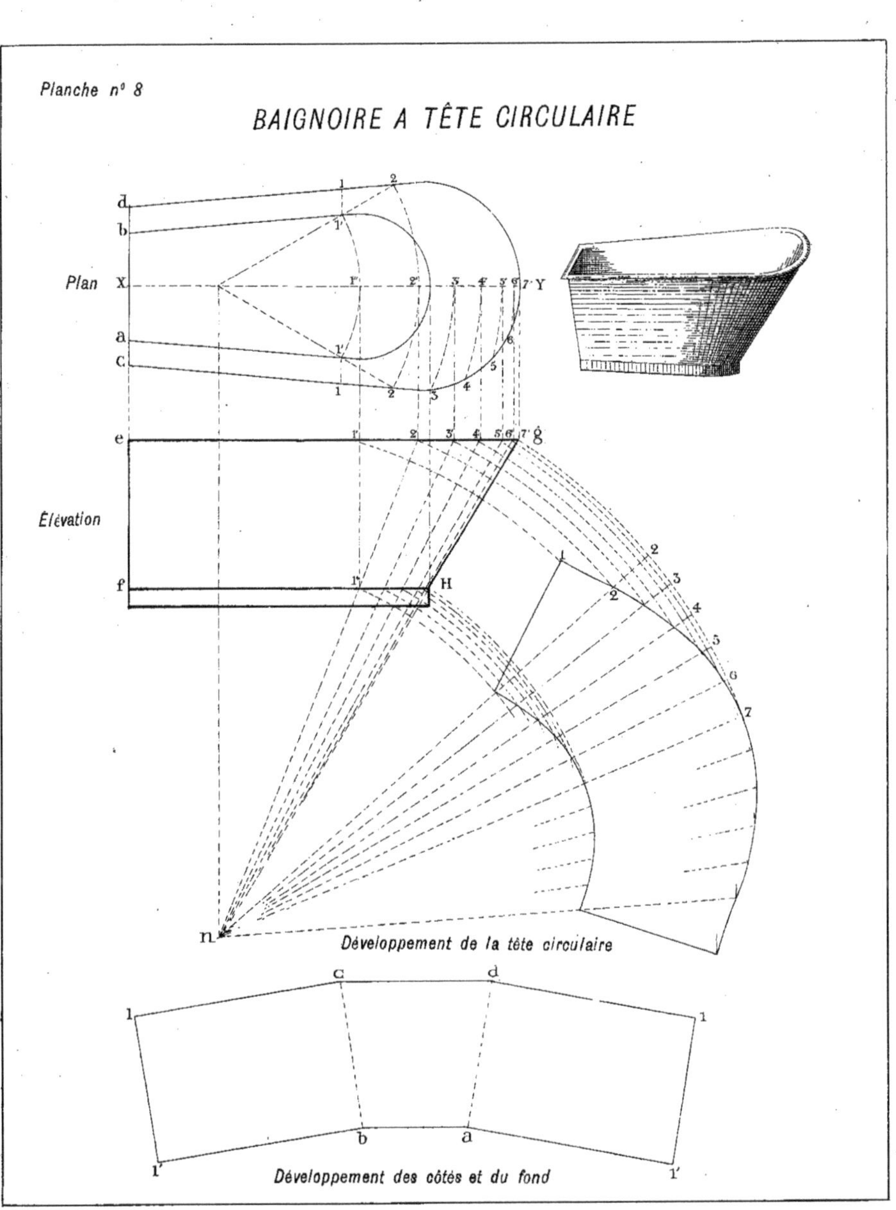


Planche n° 8
BAIGNOIRE A TÊTE CIRCULAIRE
Plan
Élévation
Développement de la tête circulaire
Développement des côtés et du fond

# BAIN DE SIÈGE SANS DOSSIER

Bain de siège sans dossier circulaire en haut et au fond, formant ainsi un tronc de cône oblique.

Dessinez votre élévation puis élevez les points correspondants et tracez votre plan qui est formé pour la moitié. qui nous est nécessaire, de deux demi-cercles n'ayant pas les mêmes centres.

Divisez le grand cercle du bord supérieur en un nombre quelconque de parties; du point $x$ avec un rayon égal à celui du cercle formant le fond décrivez un demi_cercle $b'b''$, du même centre abaissez chaque point des divisions sur la ligne $b'c'$ abaissez ensuite chaque point correspondant perpendiculairement sur la ligne $bc$ de l'élévation; poursuivez les lignes $ab$, $cd$ joignez les points $1.2.3$ etc à leur intersection $n$ cela vous donnera les distances correspondantes de la ligne $bc$, sur la ligne $ad$; du point $n$ comme centre tracez les arcs partant des points $b''$, $1$, $2$, $3$, $4$, etc de la ligne $bc$ et des points $b'''$, $1$, $2$, $3$, de la ligne $ad$, du point $o$ de l'arc partant du point $b''$ portez chaque division du plan d'arc en arc partant des points correspondants, cela vous donnera les passages de la ligne de développement du bord supérieur.

Joignez chaque point du grand développement au centre $n$, les points d'intersection de ces rayons avec les arcs correspondants partant des points de la ligne $ad$ seront les points de passage de la ligne de développement du cercle du fond.

# BAIN DE SIÈGE SANS DOSSIER

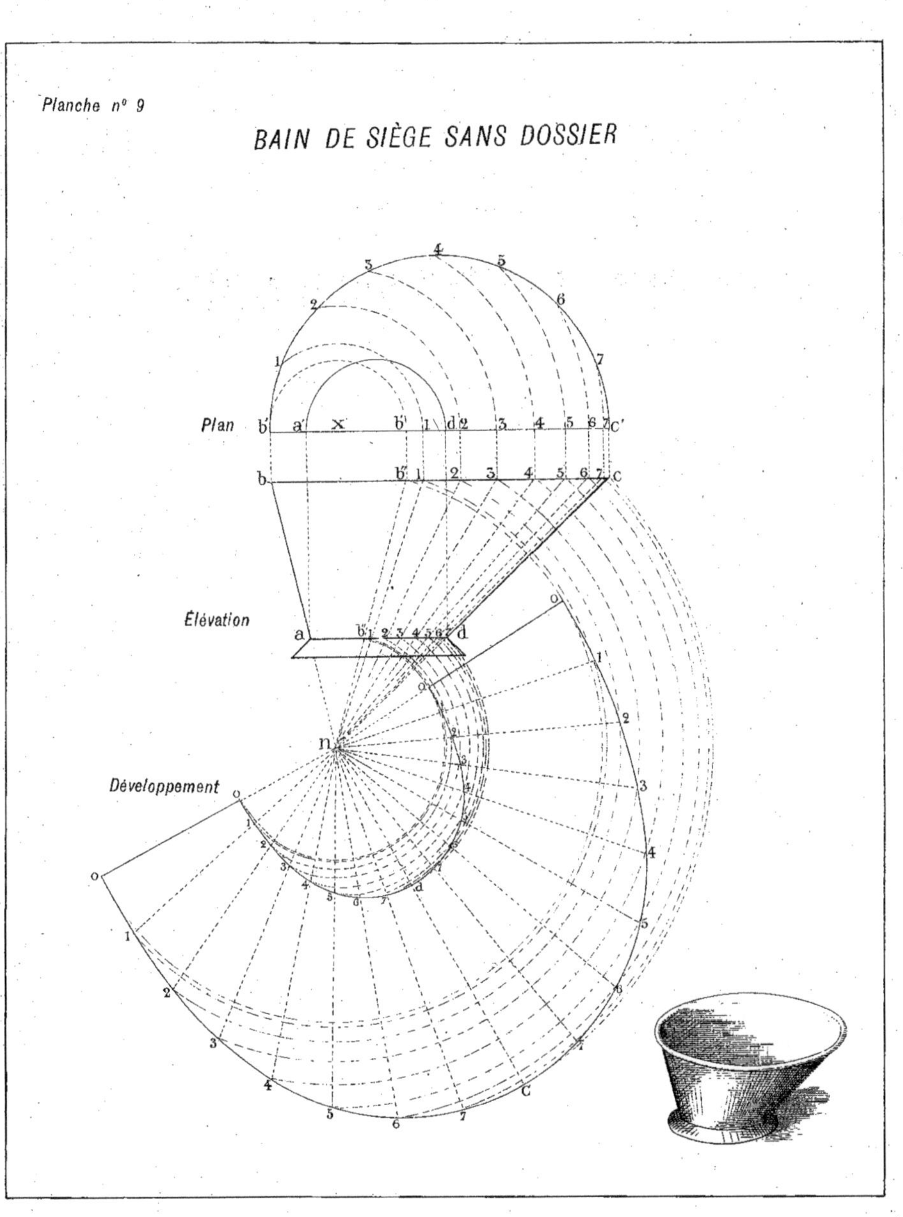

PLANCHE X

# BAIN DE SIÈGE ORDINAIRE

Ce bain de siège très ordinaire dont les cercles, l'un formant le bord supérieur, l'autre le fond, ont le même centre et forment ainsi un tronc-cône régulier; le cercle supérieur est surmonté d'un dossier dont la dimension peut toujours varier suivant les besoins.

Dessinez votre élévation, puis en élevant les points correspondants tracez votre plan, divisez l'arc de cercle $a'c'd'$ du bord supérieur en un nombre quelconque de parties. Prolongez les rayons $n'5\ n'6\ n'7$ jusqu'aux points $8\ 9\ 10$ de l'arc de cercle du dossier, abaissez chaque point $8\ 9\ 10$ sur la ligne inclinée $cd$ du dossier, reportez horizontalenent chacun de ces points sur la ligne $df$.

Poursuivez les lignes $ab$, $de$ de l'élévation, le point d'intersection $n$ sera le centre des arcs de cercles partant des points $e$, $f$, $8$, $9$, $10$, $d$, de la ligne $de$; sur l'arc de cercle partant du point $f$ portez chaque division du demi-cercle $a'c'f'$ que vous une seconde fois pour avoir le développement total du bain; tracez les rayons $a''n$, $ln$ l'arc de cercle $b''k$, sera le développement du cercle du fond.


DÉVELOPPEMENT DU DOSSIER

Poursuivez les rayons $n5$, $n6$, $n7$, $nf''$, les intersections de ces rayons avec les arcs de cercles partant des points correspondants $f$, $8$, $9$, $10$, $d$ seront les points de passage de la ligne du développement du dossier partant des points $c''$ du développement du bord supérieur.

# BAIN DE SIÈGE ORDINAIRE
## PETIT DOSSIER

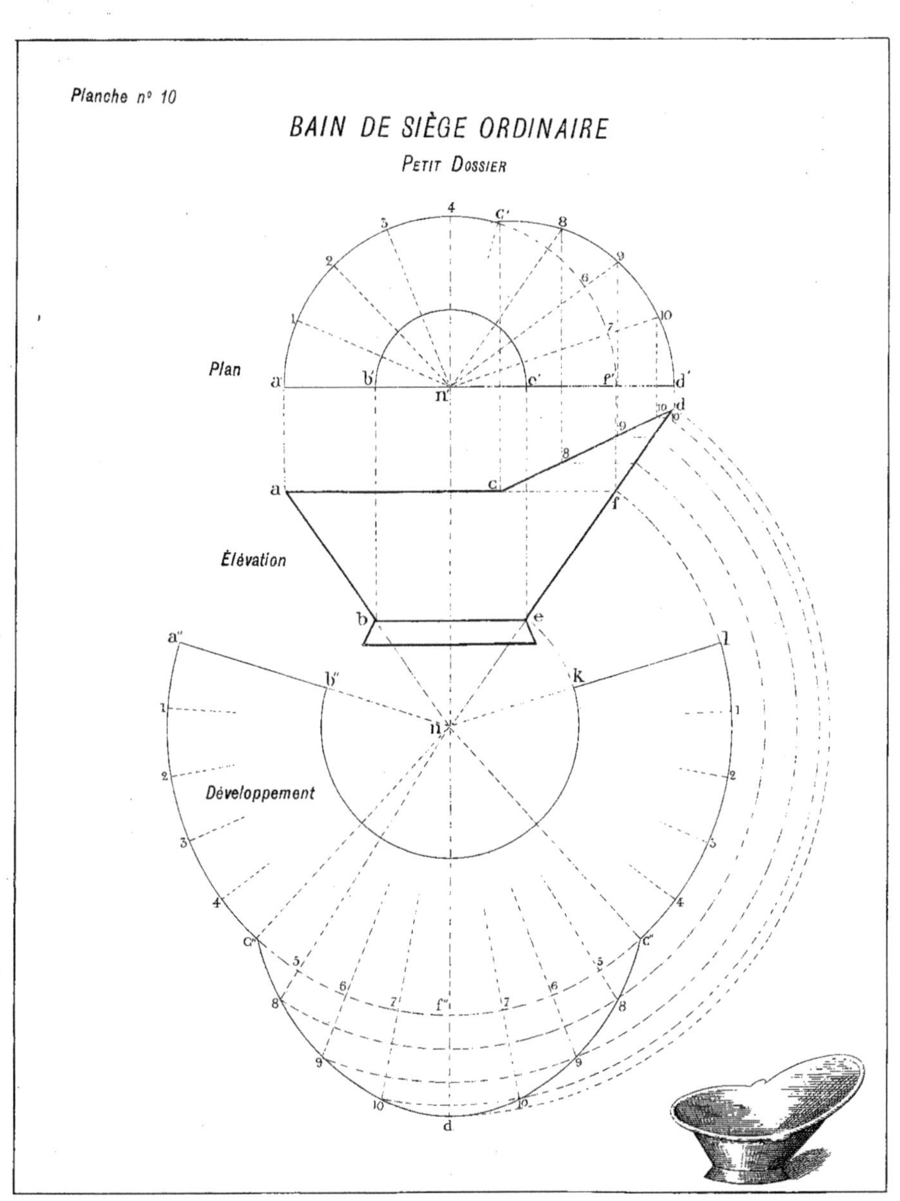

# BAIN DE SIÈGE GRAND DOSSIER

Ce bain de siège dont les cercles formant les bords supérieur et inférieur n'ont pas les mêmes centres et donnent ainsi au bain un évasement irrégulier, le bord supérieur est surmonté d'un dossier formé par la continuation de son évasement.

Dessinez d'abord votre élévation, puis élevez les points correspondants et tracez votre plan; divisez le cercle du bord supérieur en un nombre quelconque de parties, de chaque point de divisions tracez les rayons $x1$, $x2$, $x3$, vous obtenez le centre $x$ en faisant $bx$ égal au rayon du cercle formant la partie du fond. Du point $x$ comme centre reportez chaque point $b$, $1$, $2$, $3$, etc, sur la ligne $b'd$ perpendiculairement sur le bord supérieur de l'élévation; poursuivez les lignes $ab$, $de$ jusqu'à leur intersection $n$, joignez chaque point $b$, $1$, $2$, $3$, etc., du bord supérieur au point $n$ cela vous donnera les points $b'$, $1$, $2$, $3$, etc., correspondants aux points $b'$, $1$, $2$, $3$, etc., de la ligne $bf$ sur la ligne $ae$; du point $n$ comme centre tracez les arcs de cercles partant des points $b'$ $1$, $2$, $3$, etc., des lignes $bf$ et $ae$, du point $b'$ du développement portez chaque division du cercle du bord supérieur d'arc en arc correspondant aux points de divisions, de chaque point d'intersection de ces divisions avec les arcs de cercles tracez les rayons $nb'$, $n1$, $n2$, $n3$, etc., l'intersection de ces rayons avec les arcs partant des points correspondants de la ligne $ae$ seront les points de passage de ligne du développement du cercle du fond,

### Développement du Dossier

Abaissez les points $8$, $9$, $10$ sur la ligne $cd$ ramenez ces points parallèlement à la ligne $cc'$ sur la ligne $ed$ du point $n$ comme centre tracez les arcs de cercles partant des points $c'$, $8$, $9$, $10$, $d$ l'intersection de ces arcs de cercles avec les rayons correspondants seront les points de passage de la ligne de développement du dossier.

# BAIN DE SIÈGE GRAND DOSSIER

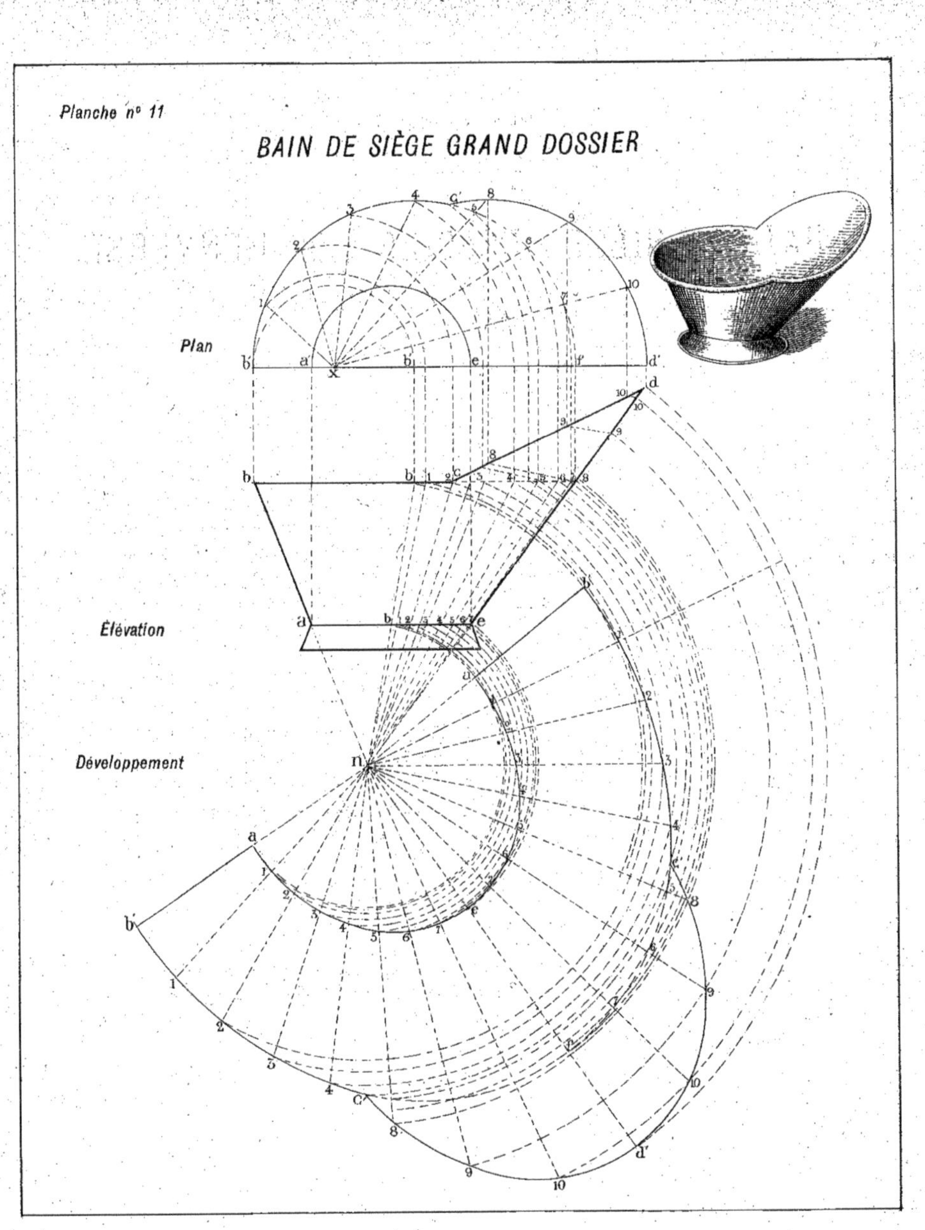

# BAIN DE SIÈGE A DOSSIER TRÈS RENVERSÉ

Ce bain de siège très évasé dont les cercles, l'un formant le bord supérieur, l'autre le fond, ont le même centre, et forment ainsi un tronc de cône régulier, le cercle du bord supérieur est surmonté dans sa moitié d'un dossier très renversé.

Dessinez votre élévation, puis en élevant les points correspondants tracez votre plan ; divisez le cercle du bord supérieur en un nombre quelconque de parties ; poursuivez les rayons 5, 6, 7, 8 jusqu'au cercle du dossier, abaissez chaque point de division 9, 10, 11 etc., sur la ligne inclinée du dossier, reportez horizontalement chacun des points sur la ligne *de*.

Poursuivez les lignes *ab*, *de* leur intersection *n*, sera le centre des arcs de cercles partant des points *e*, *c'*, *9*, *10*, *11*, *12*, *d* de la ligne *de*.

Sur l'arc de cercle partant du point *c'* de la ligne *de* de l'élévation, portez chaque division du demi-cercle *b'c'c''* du plan, que vous répétez une seconde fois, tracez les rayons des extrémités *cn*, l'arc de cercle *cbc'c''c* et l'arc de cercle *vv* seront les développements, le premier du bord supérieur, le deuxième du fond.

### DÉVELOPPEMENT DU DOSSIER

Poursuivez les rayons *n5*, *n6*, *n7*, *n8*, etc., l'intersection de ces rayons avec les arcs de cercles partant des points correspondants de la ligne *ed* seront les points de passage de la ligne du développement du dossier, occupant ainsi la moitié du développement total du bain.

# BAIN DE SIÈGE A DOSSIER TRÈS RENVERSÉ

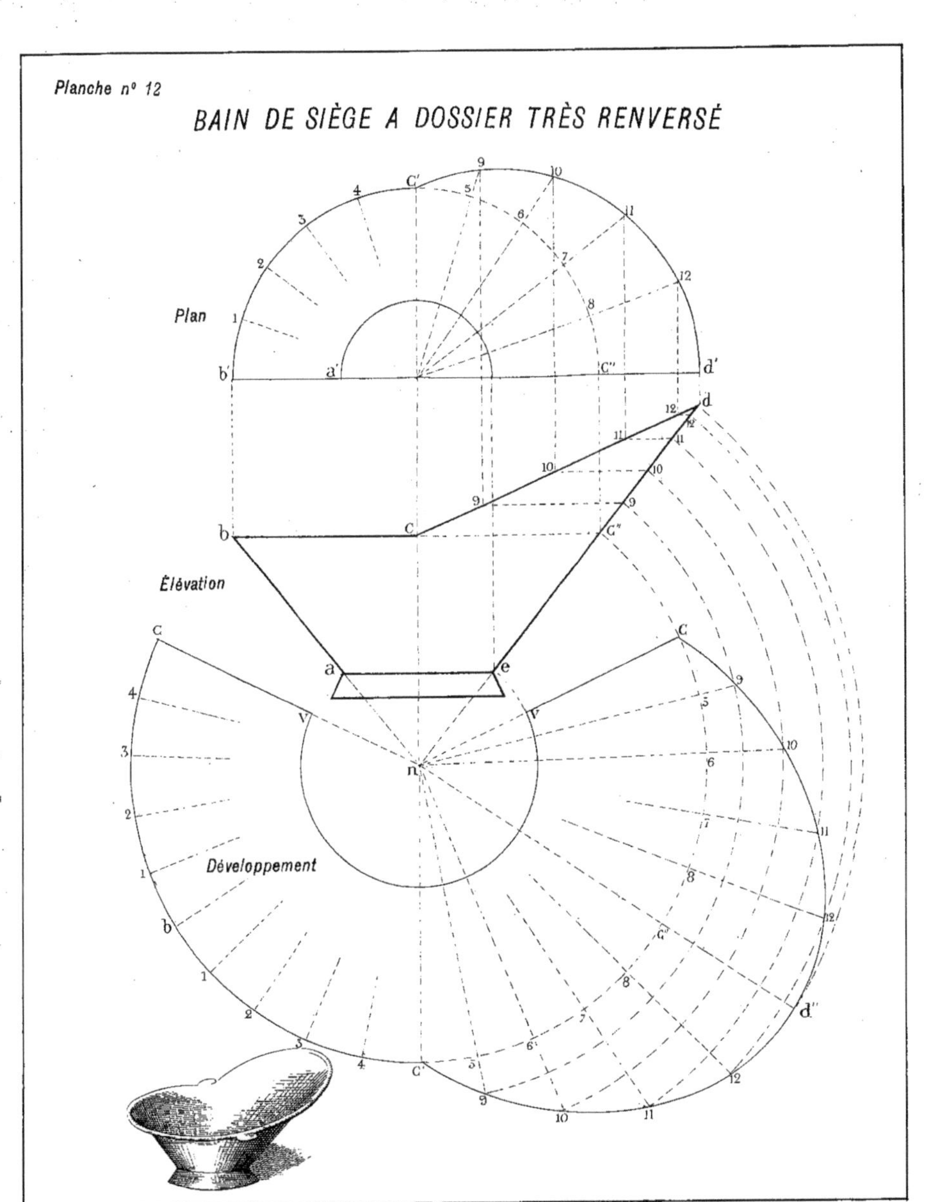

# BAIN DE SIÈGE ORDINAIRE

Bain de siège dont le cercle du fond *ef*, le cercle du bord supérieur *cd*, et tous les cercles enveloppant le dossier ont tous le même centre *n* ; l'évasement se trouve par ce fait régulier sur tout le périmètre.

Dessinez d'abord votre élévation *ecbdf*, poursuivez la ligne *ce* jusqu'à son intersection *a* avec la ligne *ab* diamètre du cercle supérieur du dossier, élevez ensuite les points correspondants *a'b' e'f '* et tracez votre plan ; divisez le cercle *a'b'* en un nombre quelconque de parties, abaissez chacun des points de divisions sur la ligne *ab* ; poursuivez les lignes *ae*, *bf* jusqu'à leur intersection *n'*, joignez chacun des points *1, 2, 3, 4*, etc., de la ligne *ab* au point *n'* ; ramenez parallèlement à ligne *ab* chacun des points d'intersection de ces lignes avec la ligne indiquant la forme du dossier, sur la ligne *bf*. Du point *n'* comme centre tracez les arcs de cercles partant des points *b*, *2*, *3*, etc., de la ligne *bf*, sur l'arc de cercle partant du point *b* portez chaque division du cercle *a'b'* du plan, tracez les rayons *b"n*, *1n'*, *2n'*, *3n'*, etc., chacun des points d'intersection de ces rayons avec les arcs de cercles partant des points correspondants seront les points de passage de la ligne de développement du bord supérieur comprenant le dossier ; joignez les points *c"*, *e"*, la longueur de l'arc *e"f"e"*, sera le développement du cercle du fond. Vous avez ainsi la surface du développement total de ce modèle.

# — BAIN DE SIÈGE —

## ORDINAIRE A DOSSIER

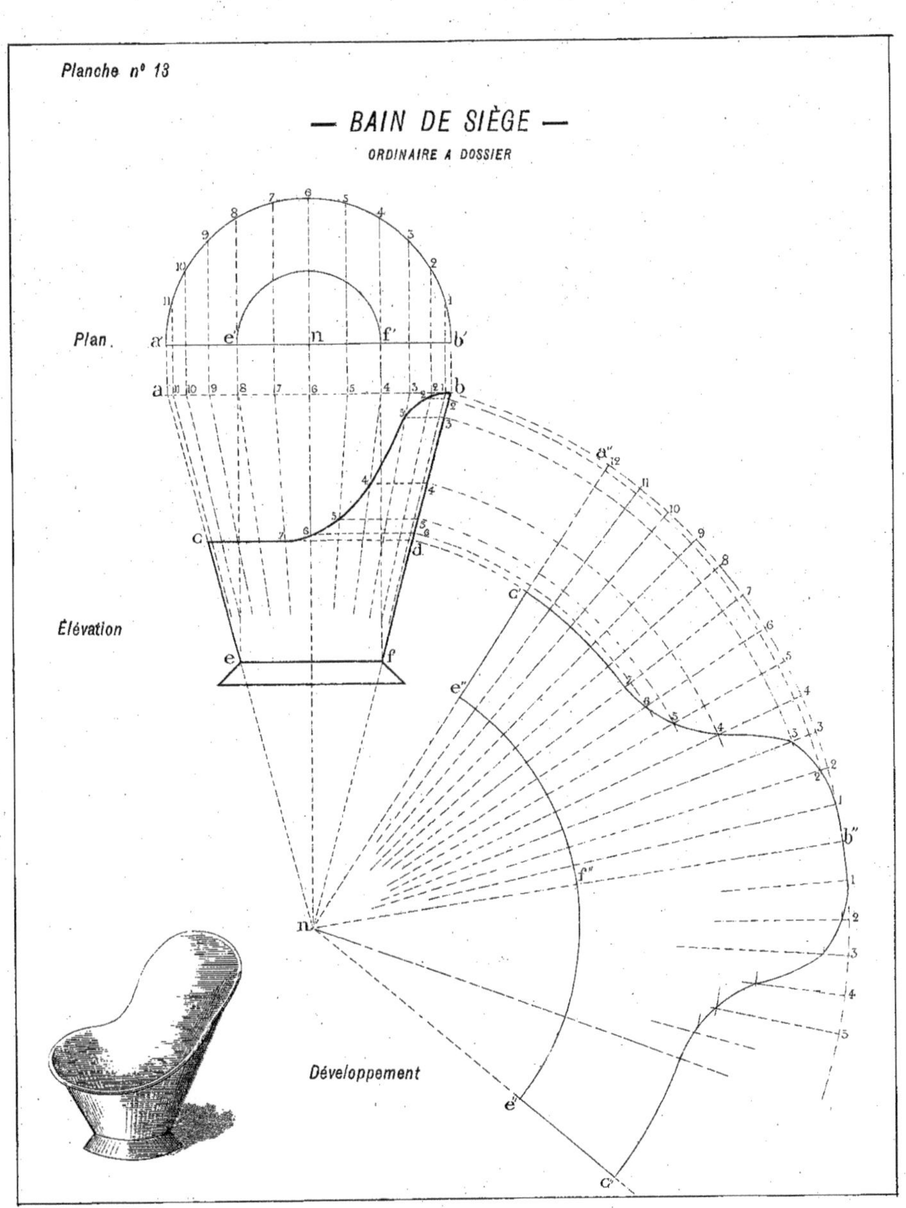

# UN BEC DE BROC

Ce modèle est considéré comme le développement d'un tronc de cône régulier, dans lequel est fait une section de forme quelconque, comme l'indique la ligne *bc*, pour la forme du bec de broc.

Dessinez d'abord votre élévation, puis tracez la ligne *ab* parallèle à la ligne *de* et poursuivez la ligne *cd*, pour avoir le tronc de cône qui engendre la forme de notre objet; élevez perdendiculairement les points *a* et *b* en *a'b'* et décrivez le demi-cercle ayant *a'b'* pour diamètre et qui est la moitié du grand cercle du tronc de cône, divisez ce demi-cercle en un nombre quelconque de parties, abaissez chacun des points de divisions perpendiculairement sur la ligne *ab*, joignez chacun de ces points au point *n* qui est l'intersection des lignes *ad* et *be* prolongées.

Ramenez chacun des points d'intersection des lignes *n1*, *n2*, *n3*, etc., avec la ligne *bc*, sur le côté *be* parallèlement à la base *de*; du point *n* comme centre tracez les arcs de cercles partant des points depuis *b* jusqu'à *e* de la ligne *be* sur l'arc de cercle partant du point *b*, portez chacune des divisions du demi-cercle en plan, répétez une deuxième fois ces divisions et vous aurez le développement du tronc de cône; de chacun des points de divisions, tracez des rayons au centre *n*, les points d'intersection de ces rayons avec les arcs de cercles correspondants aux mêmes points de divisions seront les points du passage du développement de la ligne *bc*.

# UN BEC DE BROC

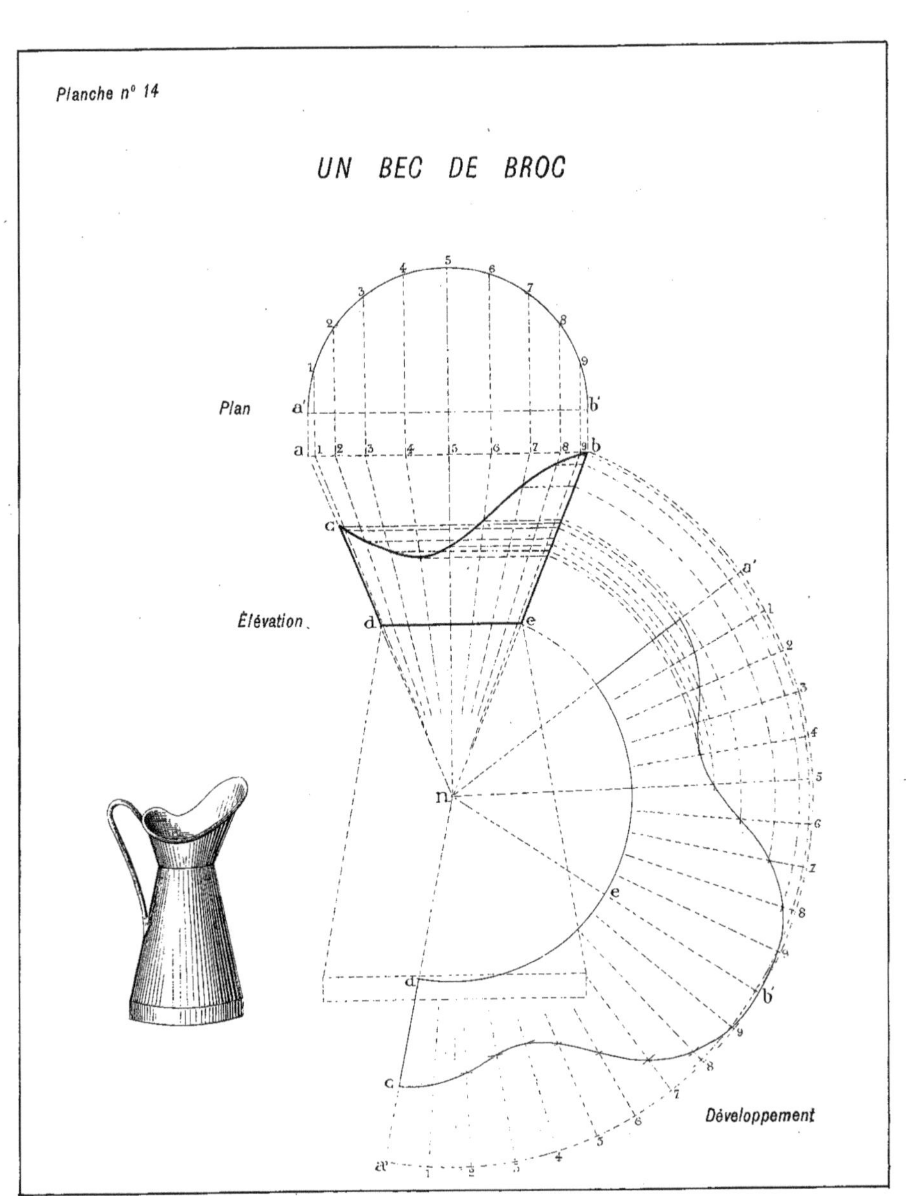

# DÉVELOPPEMENT
## des deux parties d'un Cone tronqué obliquement

Dessinez d'abord votre élévation, puis correspondant à la base *ab* tracez votre cercle du plan ; divisez la moitié de ce cercle en un nombre quelconque de parties ; élevez chacun des points de divisions sur la ligne *ab* et perpendiculairement à cette ligne, joignez ensuite chacun des points de la base *ab* au sommet *n* du cône. Du sommet *n* comme centre avec un rayon égal égal à *nb* décrivez un arc de cercle sur lequel vous portez chacune des divisions du plan, vous obtenez ainsi la longueur du développement du cercle de base ; joignez les extrémités de cet arc de cercle au sommet *n* et vous avez le développement total du cône.

### DÉVELOPPEMENT DE LA SECTION OBLIQUE *cd*

Tracez la ligne *cd* suivant les distances *ac* et *bd* qui vous sont nécessaires ; de chaque point d'intersection de cette ligne avec les lignes allant de la base au sommet tracez les parallèles à la ligne *ab* jusqu'à leur intersection avec l'arête du cône *nb* ; du sommet *n* comme centre et patrant de chacun des points de cette arête décrivez des arcs de cercles. Joignez chacun des points de divisions du cercle du développement de de la base au centre *n*, les points d'intersection de ces rayons avec les arcs de cercles partant des points correspondants de l'arête *nb* de l'élévation seront les points de passage de la ligne de développement de la section oblique partageant le cône en deux parties. Le procédé sera le même pour trouver séparément le développement de l'une ou l'autre des parties.

Planche n° 15
Développements des 2 parties d'un cône tronqué obliquement.
Développement n° 1
Développement n° 2
Élévation
Plan
n° 1
n° 2


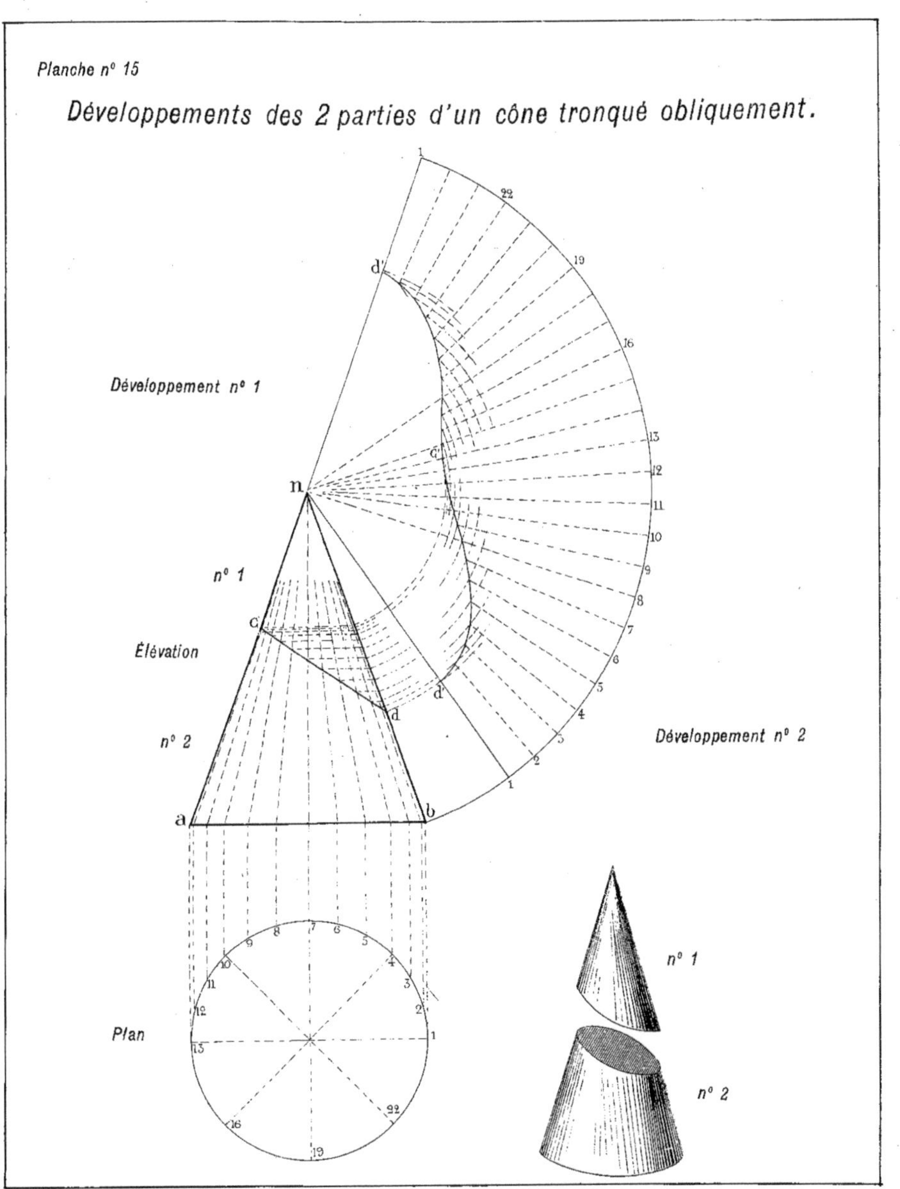

# COUDE CONIQUE

Ce coude conique est donné pour bien faire voir la valeur du problème de la planche précédente, que par le même procédé on peut trouver le développement de toutes sections faites dans un cône quelconque. D'après la figure de cette planche on voit que les cônes de ce coude sont différents, il faut donc chercher séparément le développement de chacune de ces deux parties.

On forme d'abord en entier le cône de chaque partie, puis par le même procédé expliqué pour le modèle précédent, des parties faites par des sections dans un cône, vous obtenez le développement de chacune des deux parties de ce coude qui sont les sections faites dans chacun des cônes dans lesquels elles sont comprises. Il est inutile de donner plus d'explication, car on voit très bien d'après la disposition du dessin et et les explications déjà données pour le même procédé, la manière de trouver les développements de chacune de ces deux parties.

# — COUDE CONIQUE —

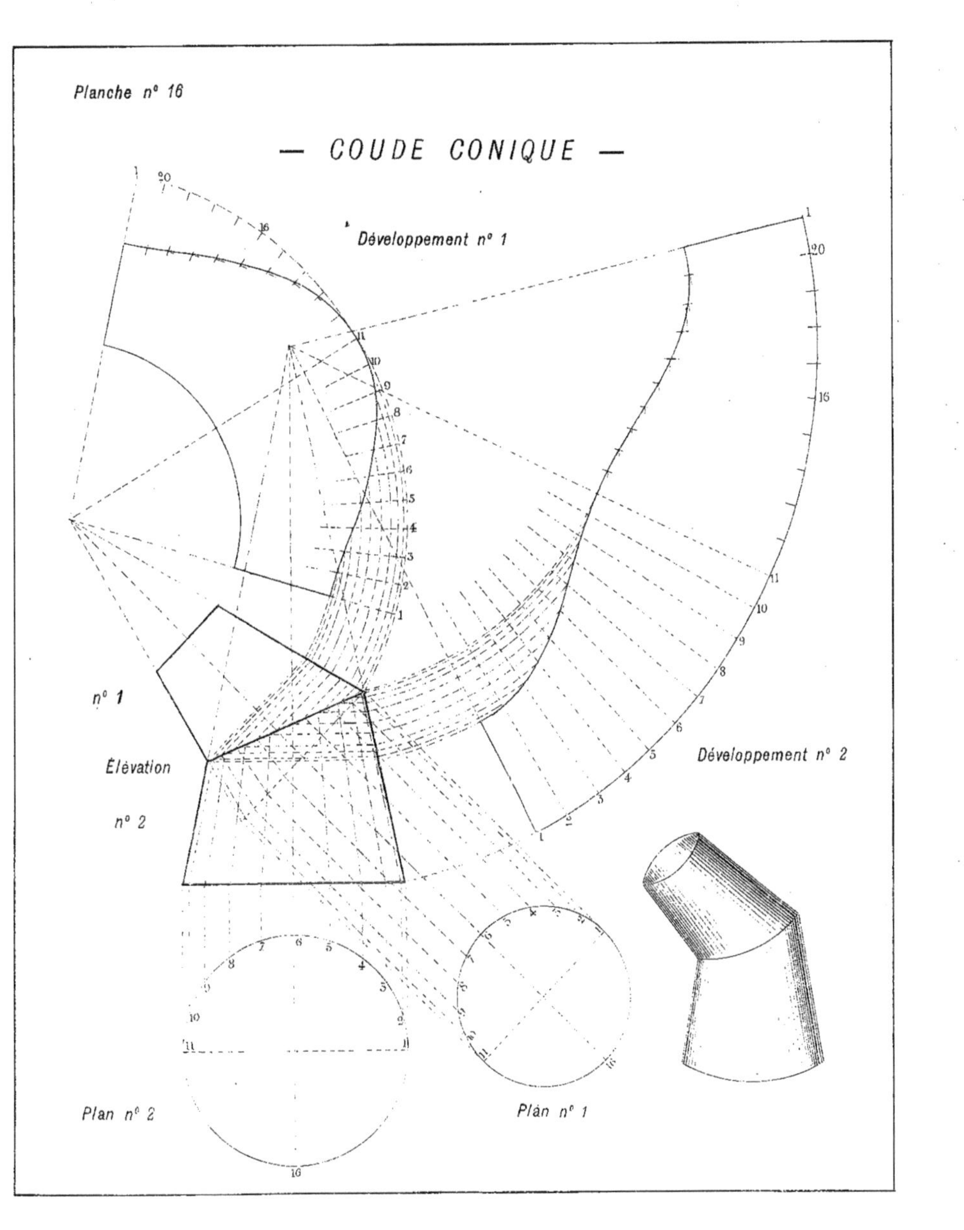

# MODÈLE A BASE RECTANGULAIRE
## PARTIE HAUTE CIRCULAIRE

Modèle dont la base est rectangulaire et dont chaque face vient se raccorder en un sommet circulaire.

Dessinez d'abord votre plan, puis élevez les points correspondants et tracez votre élévation, divisez le quart du cercle de la partie supérieure en un nombre quelconque de parties; poursuivez la ligne *gh* de l'élévation, perpendiculaire à cette ligne tracez la ligne *nm* égale à la hauteur de l'élévation du point *n* vous faites les distances *n1*, *n2' n3*, *n4*, *n5*, *n6*, égales aux distances *b1*, *b2*, *b3*, *b4*, etc., du plan.

### 1/2 Développement

Faites la ligne *rs* égale à la ligne *ab* du grand côté de la base rectangulaire, de chaque extrémité *rs* faites les distances *r6*, *s6*, *r5*, *s5*, *r4*, *s4*, etc., égales aux distances corresdondantes *m6*, *m5*, *m4*, etc., du point *6* qui est l'intersection des lignes *r6* et *s6*, faites les distances *6.5*, *5.4*, *4.3*, etc., égales aux distances correspondantes *6.5*, *5.4*, *4.3*, etc., du plan; les points d'intersection de ces distances avec les distances partant des points *r* et *s* seront les points de passage de la ligne de développement pour la moitié du cercle de la partie supérieure. Faites les lignes *sj*, *ri*, et *1j*, *1i*, égales les premières à la moitié *bk* du petit côté de la base rectangulaire, les deuxièmes à la distance *hf* de l'élévation, les angles *i*, *j*, sont des angles de 90 degrés.

# MODÈLE A BASE RECTANGULAIRE PARTIE HAUTE CIRCULAIRE

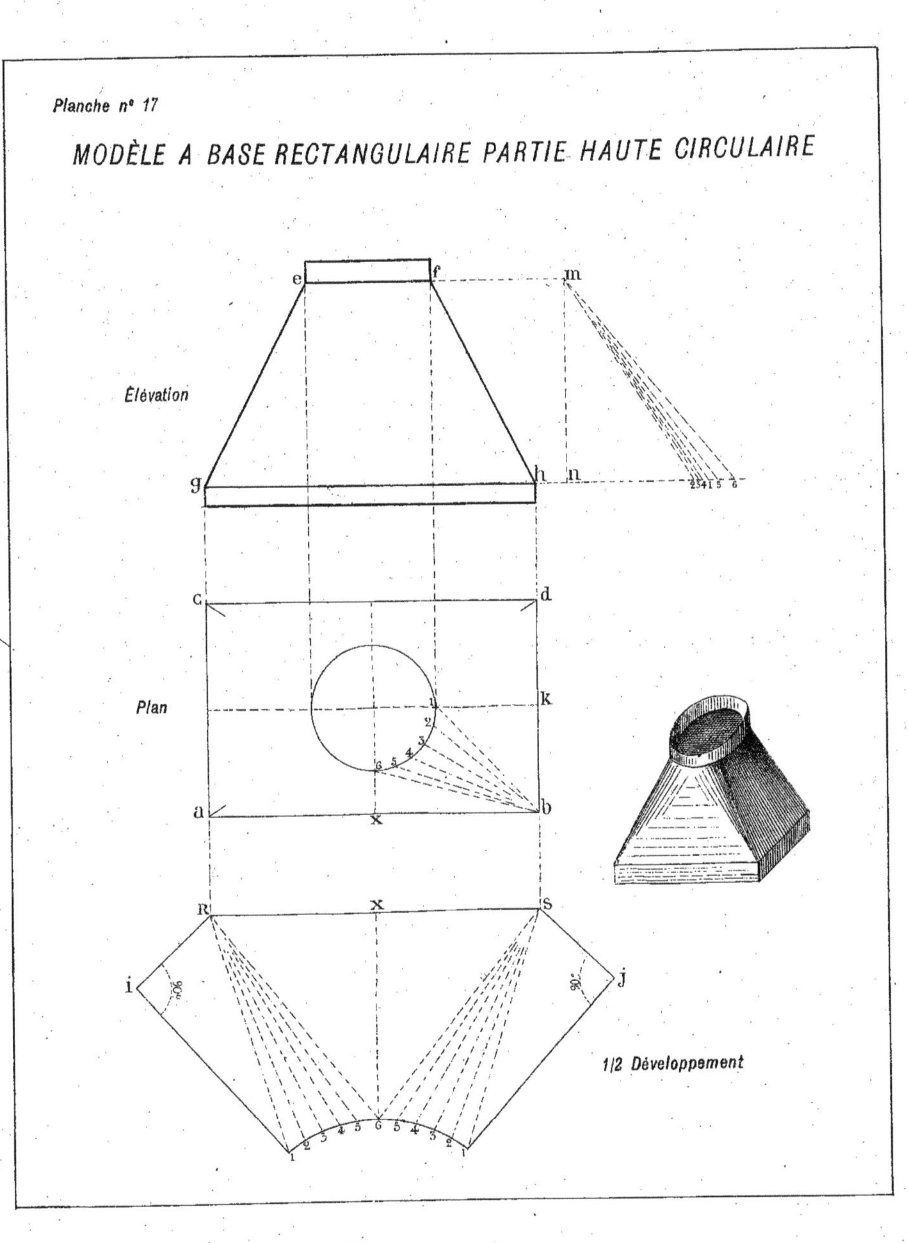

# MODÈLE A BASE RECTANGULAIRE
## PARTIE HAUTE ELLIPTIQUE

Modèle dont la base est rectangulaire et dont les quatre faces viennent se raccorder en un sommet en forme d'ellipse.

Dessinez votre plan, puis élevez les points correspondants et tracez votre élévation, divisez le quart de l'ellipse de la partie supérieure en un nombre quelconque de parties ; poursuivez la ligne *gh* de l'élévation, perpendiculaire à cette ligne tracez la ligne *nm* égale à la hauteur de l'élévation, du point *n* vous faites les distances *n1*, *n2*, *n3*, *n4*, etc., égales aux distances *b1*, *b2*, *b3*, *b4*, *n5*, *n6*, du plan.

## 1/2 Développement

Faites la ligne *rs* égale à la ligne *ab*, du grand côté de la base rectangulaire, de chaque extrémité *rs* faites les distances *r6*, *s6*, *r5*, *s5*, *r4*, *s4*, etc., égales aux distances correspondantes *m6*, *m5*, *m4*, etc., du point *6* qui est l'intersection des lignes *r6* et *s6*, faites les distances *6.5*, *5.4*, *4.3*, etc. ; égales aux distances correspondantes *6.5*, *5.4*, *4.3*, etc., du plan ; les points d'intersection de ces distances avec les distances partant des points *r* et *s* seront les points de passage de la ligne de développement pour la moitié de l'ellipse de la partie supérieure. Faites les lignes *sj*, et *ri*, *1j*, et *1i*, égales les premières à la moitié *bk* du petit côté de la base rectangulaire, les deuxièmes à la distance *hf* de l'élévation, les angles *i*, *j*, sont des angles de 90 degrés.

# MODÈLE A BASE RECTANGULAIRE PARTIE HAUTE ELLIPTIQUE

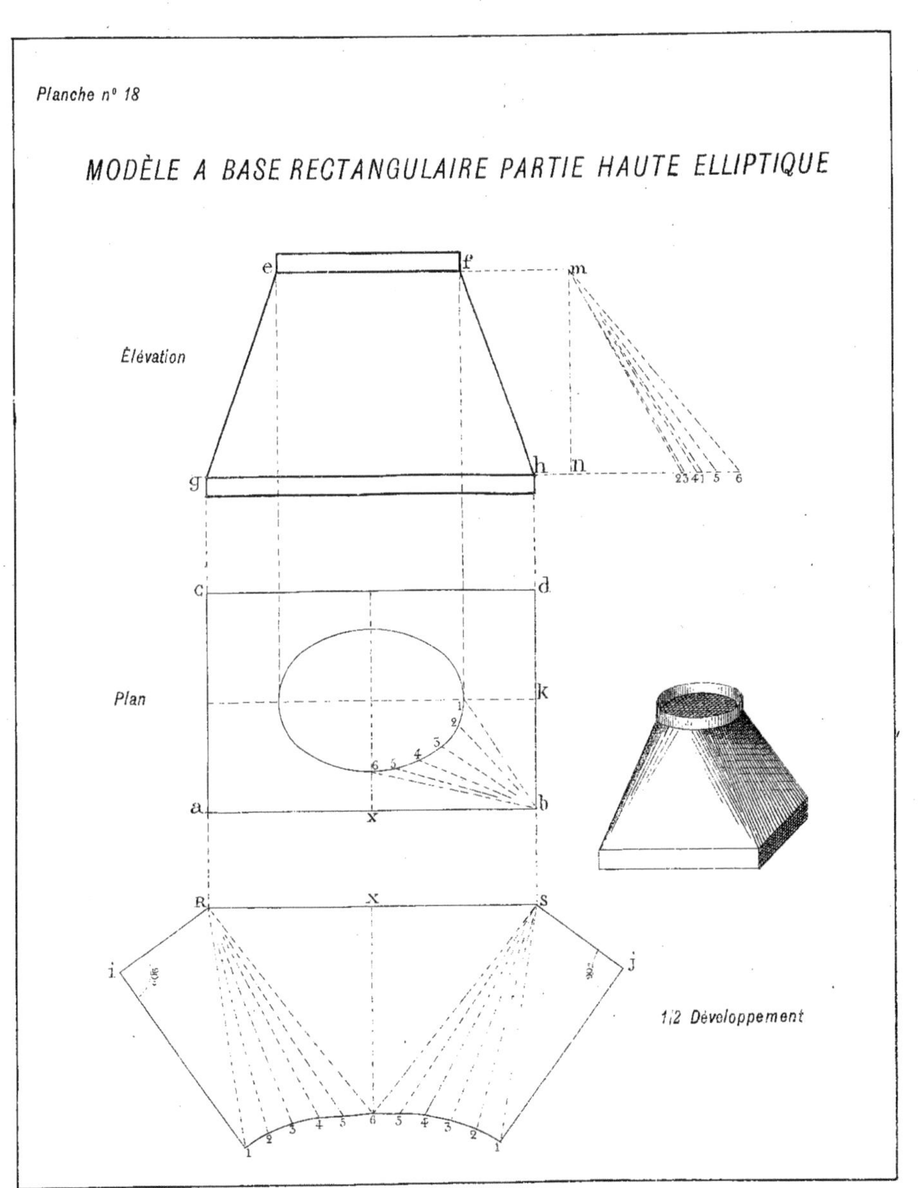

# BASSIN OVALE

Même modèle de bassin de forme ovale avec la manière de trouver le développement total de l'objet en faisant les développements successifs des arcs de cercles dont se compose la forme de l'objet.

Dessinez d'abord votre plan au moyen de rayons en adoptant le principe de de l'anse de panier, abaissez ensuite les points correspondants et tracez votre élévation Tracez la ligne $nt$, faites $mn$ égale à la hauteur de l'élévation, des points $m$ et $n$ tracez les perpendiculaires $nq$ et $mr$ que vous faites égales aux rayons $kl$ et $kh'$ du grand arc de cercle du plan, joignez les points $q$, $r$, poursuivez la ligne jusqu'à son intersection $t$ avec la ligne $nt$, les distances $tq$ et $tr$ seront les rayons du développement de la partie des grands cercles. Faites ensuite les distances $no$ et $mp$ égales aux rayons $jf$ et $jh$ des petits arcs de cercles du plan. Joignez les points $o$ et $p$ poursuivez la ligne jusqu'à son intersection $s$ avec la ligne $nt$, les distances $so$ et $sp$ seront les rayons du développement de la partie des petits arcs de cercle. Tracez, comme l'indique la figure du développement, au moyen des rayons trouvés, les arcs de cercles successifs et correspondants à ceux du plan et dont vous obtenez les longueurs comme on a expliqué précédemment pour les développements des cercles.

# — BASSIN OVALE —

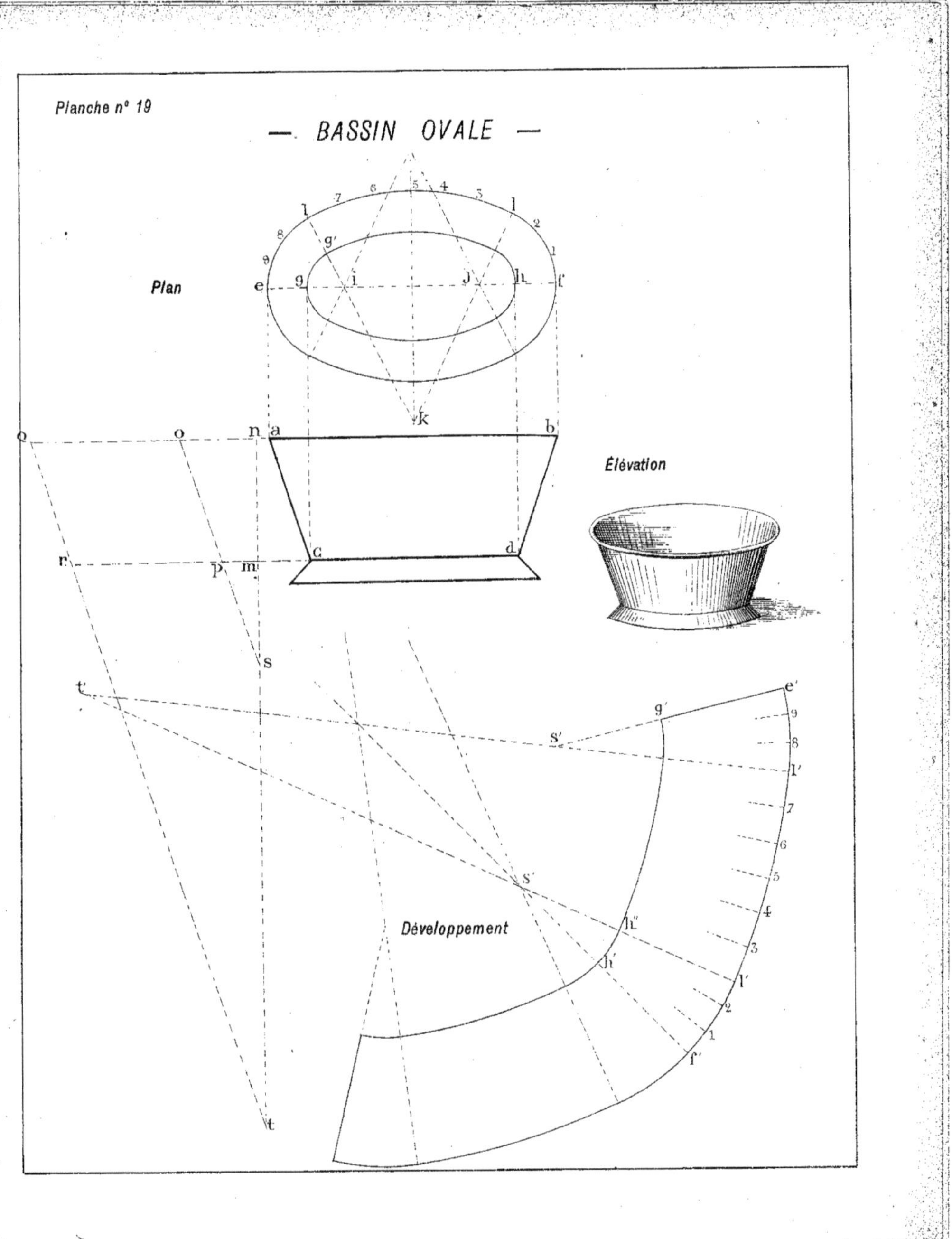

# COUVERCLE DE FORME OVALE OU ELLIPTIQUE

Modèle donné pour tous les développements d'objet de forme conique à base ovale ou elliptique.

Dessinez d'abord votre plan, élevez les points correspondants et tracez votre élévation, faites ces deux figures suivant les dimensions que vous désirez avoir.

Divisez le quart du plan en un nombre quelconque de parties, du centre o, ramenez chacun des points de divisions e, *1*, *2*, *3*, *4*, *5* sur la ligne *ab*.

## DÉVELOPPEMENT

Parallèlement à la ligne *ab* tracez la ligne *cd* poursuivez le diamètre *ef* du plan au-delà de la ligne *cd*, faites la distance *no'* égale à la hauteur *gh* de l'élévation. Perpendiculairement à la ligne *cd* abaissez chacun des points *5*, *4*, *3*, *2*, *1*, *e* de la ligne *ab* sur cette ligne; du point *o'* comme centre, décrivez chacun des arcs de cercles partant des points *a*, *5*, *4*, etc., de la ligne *cd*. Du point *e'* pris sur l'arc de cercle partant du point *e*, portez d'arc en arc correspondants aux points de divisions chacune des divisions du plan; c'est-à-dire le point *1* sur l'arc de cercle partant du point *1*, le point *2* sur l'arc de cercle partant du point *2*, répétez quatre fois cette opération pour avoir les trois autres parties *a'f'*, *f'b'*, *b'e'* du développement faites passer par chacun de ces points la ligne du développement, joignez les extrémités *e'* au centre *o'* et vous aurez la forme du développement total du modèle.

# COUVERCLE DE FORME OVALE OU ELLIPTIQUE

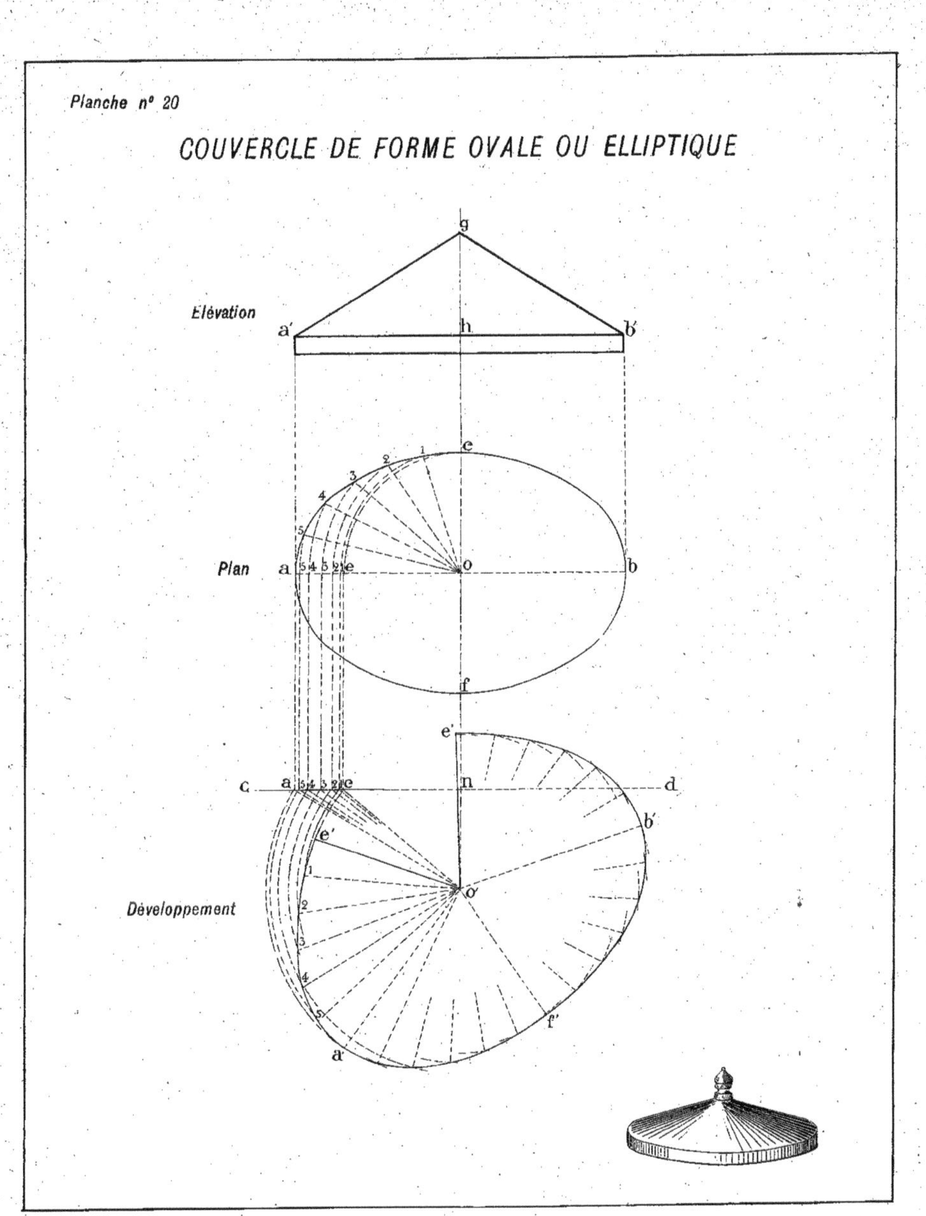

# MODÈLE D'UNE PARTIE ELLIPTIQUE
## SE RACCORDANT A UNE PARTIE CIRCULAIRE

Dessinez d'abord votre plan, puis abaissez les points et tracez votre élévation. Divisez le quart de la partie elliptique en un nombre quelconque de parties, comme l'indique la figure en plan ; du point de centre $n'$ ramenez chacun des points de divisions sur la ligne $a'b'$, descendez ensuite chacun de ces points sur la ligne $ab$, de l'élévation. Poursuivez les lignes $ac$, $bd$ de l'élévation jusqu'à leur intersection $n$ ; du point $n$ comme centre, tracez les arcs de cercles partant des points de la ligne $ab$ correspondants aux points de divisions de la partie elliptique ; portez ensuite chacune des divisions de la partie elliptique, d'arc en arc correspondant aux points de divisions ; vous renouvelez quatre fois, en procédant de cette manière, comme l'indique la figure et vous aurez la longueur du développement de la partie supérieure elliptique.

Joignez les extrémités $b''$ au centre $n$ et du point $n$ comme centre avec un rayon égal à $nd$, tracez l'arc de $d''d''$ qui est le développement de la partie inférieure circulaire.

Joignez les lignes $b''d''$, et vous obtenez ainsi la forme de votre objet.

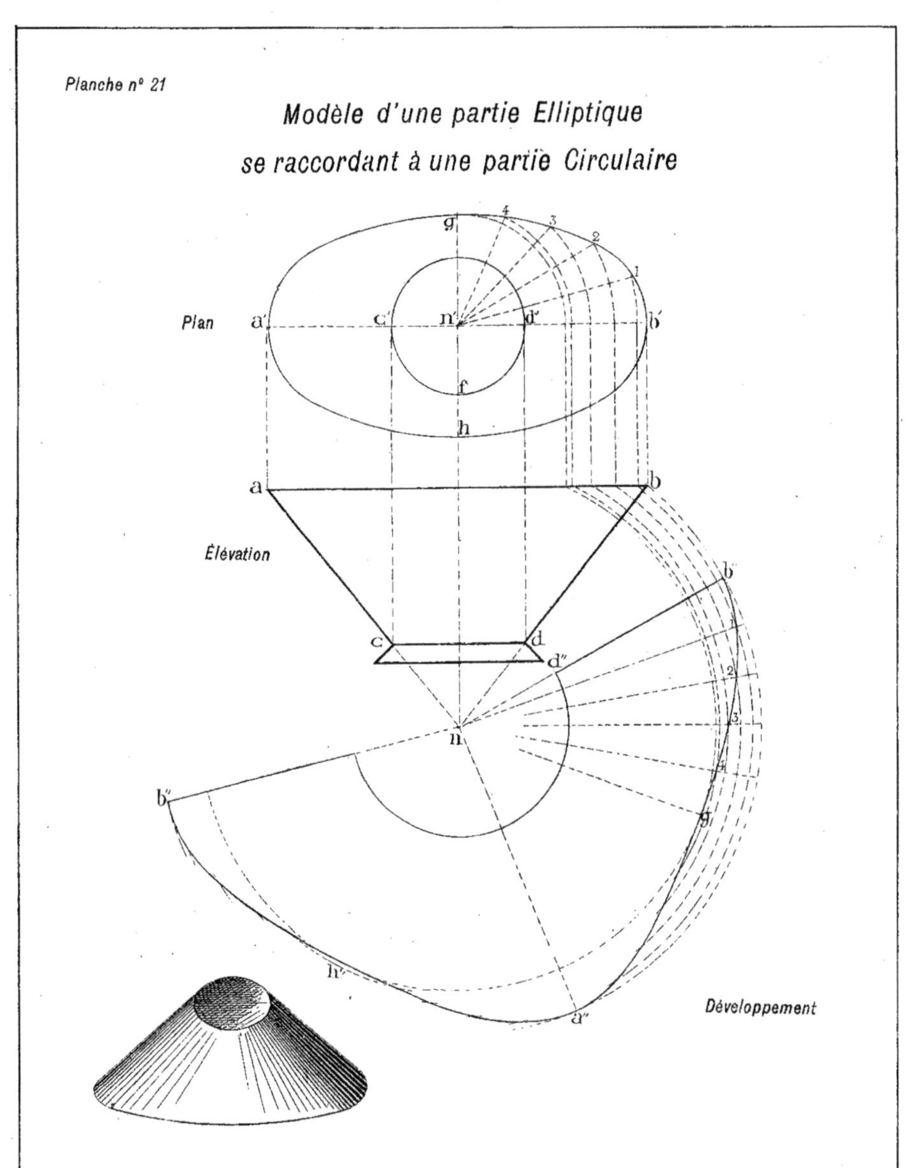


Planche n° 21
Modèle d'une partie Elliptique
se raccordant à une partie Circulaire
Plan
Élévation
Développement

# MODÈLE D'UNE PARTIE CIRCULAIRE
## SE RACCORDANT A UNE PARTIE ELLIPTIQUE

Dessinez d'abord votre plan, puis abaissez les points correspondants et tracez votre élévation.

Le développement de la partie circulaire du bord supérieur $ab$ se fait comme pour le developpement d'un tronc de cône régulier, divisez le quart de cercle en plan en un nombre quelconque de parties, de chacun des points de divisions tracez des rayons; du centre $n'$ ramenez chacun des points d'intersection de ces rayons avec la partie elliptique, sur la ligne $a'b'$, descendez ensuite chacun de ces points perpendiculairement sur la ligne $cd$, de l'élévation. Poursuivez les lignes $ac$, $bd$, de l'élévation jusqu'à leur intersection $n$; du point $n$ comme centre, décrivez l'arc de cercle partant du point $b$ et sur lequel vous portez chacune des divisions du quart de cercle en plan, que vous répétez quatre fois, et vous aurez la longueur du développement de la partie circulaire, de chacun des points de divisions de cet arc de cercle tracez des rayons au centre $n$. Du même point de centre $n$ tracez les arcs de cercles partant des points correspondants de la partie elliptique, de la ligne $cd$ chacun des points d'intersection de ces arcs de cercles avec les rayons correspondants partant des points de divisions du développement du cercle supérieur, seront les points de passage du développement de la partie elliptique.

# Modèle d'une partie Circulaire
## se raccordant à une partie Elliptique

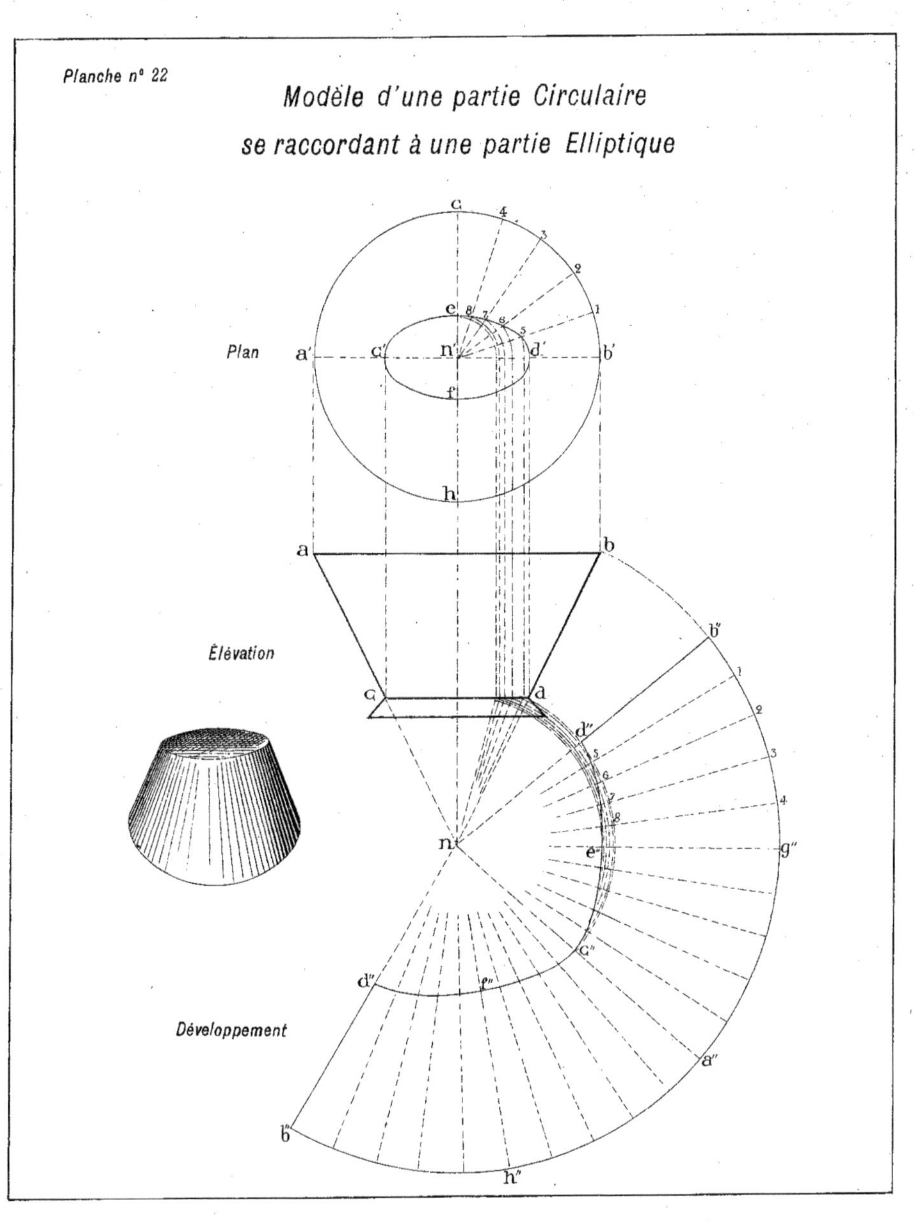

# BASSIN DE FORME ELLIPTIQUE

Dessinez d'abord votre plan, abaissez ensuite les points correspondants et tracez votre élévation.

Divisez le quart de votre plan en un nombre quelconque de parties, du point *n* comme centre ramenez chacun des points de divisions sur la ligne *a'b'*, abaissez ensuite chacun de ces points sur le bord supérieur *ab* de l'élévation.

Poursuivez les lignes *ac*, *bd* jusqu'à leur intersection *n'* avec la ligne centrale de l'objet.

Ramenez chacun des points de divisions du bord supérieur *ab*, au point *n'* vous aurez les divisions correspondantes de la ligne *cd* qui est le fond elliptique de votre objet. Du point *n'* comme centre, tracez les arcs de cercles partant des points de divisions des lignes *ab* et *cd*.

### DÉVELOPPEMENT DU BORD SUPÉRIEUR

Du point *a'* du premier arc de cercle partant du point *a'* portez d'arc en arc de cercle partant des points correspondants de chaque division, chacune des divisions du plan, vous répétez quatre fois ce même procédé pour avoir le développement total du bord supérieur. Pour avoir le développement de la partie elliptique du fond, de chacun des points des divisions du développement du bord supérieur, tracéz des rayons au centre *n'* les intersections de ces rayons avec les arcs de cercles partant des points correspondants de la ligne *cd,* seront les points de passages du développement de la partie elliptique du fond.

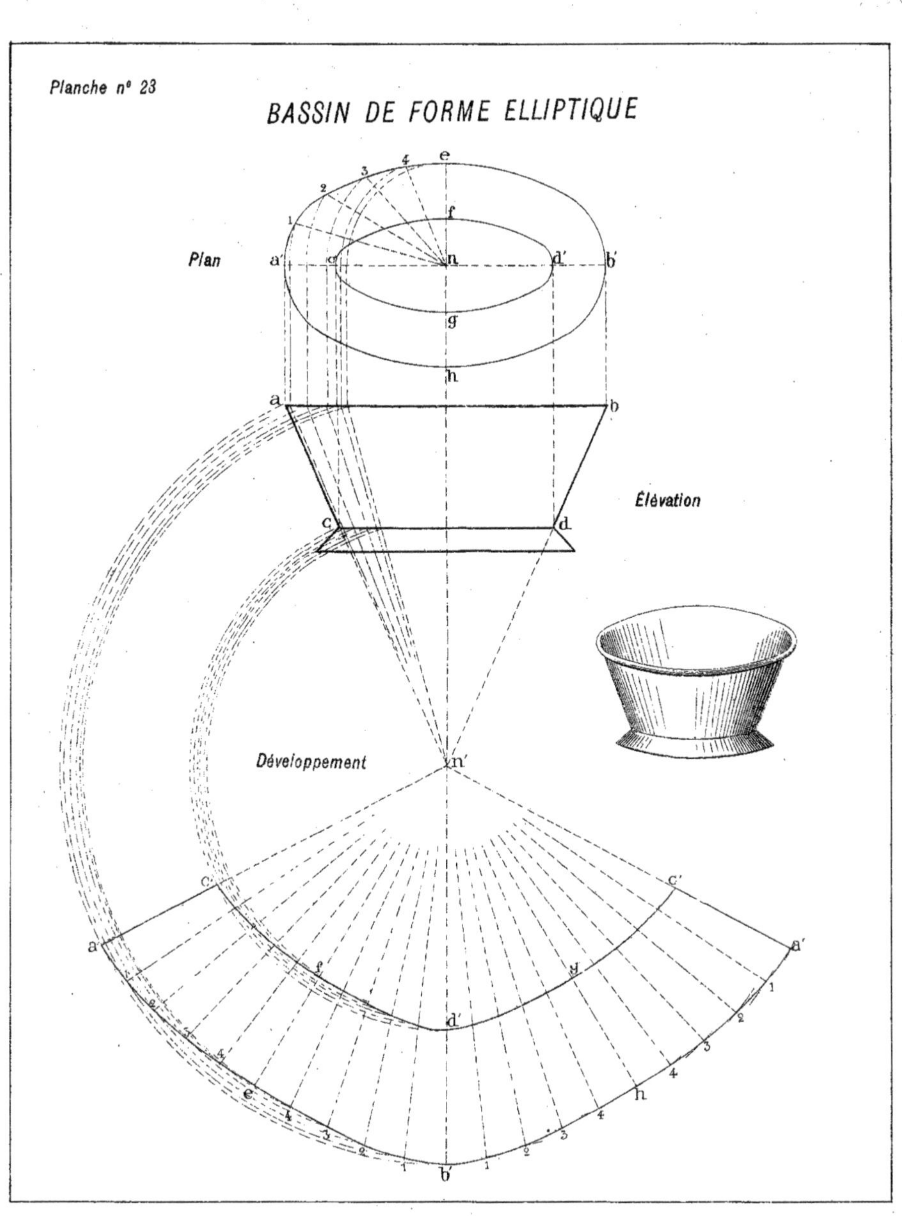

Planche n° 23
BASSIN DE FORME ELLIPTIQUE
Plan
Élévation
Développement

# BAIN DE PIED EN FORME D'OVE

Bain de pied de forme ovalaire dont les demi-cercles des oves, supérieur et inférieur ont les mêmes centres et dont l'évasement devient irrégulier dans la partie ovale.

Dessinez d'abord votre élévation, puis élevez les points correspondants et tracez votre plan ; divisez la moitié *bc*, du plan en un nombre quelconque de parties, du point *n'* comme centre reportez chaque point de division compris dans la partie ovale sur la ligne d'axe *b'c'* ; abaissez ensuite chacun des points *b'*, *8, 7, 6, 5, 4* de la ligne *b'c'*, perpendiculairement sur la ligne *bc* de l'élévation. Poursuivez les lignes *ba*, *cd*, joignez chaque point *8, 7, 6, 5, 4* à leur intersection *n*, cela vous donnera les points correspondants *8, 7, 6, 5, 4* sur la ligne *ad*, du point *n* comme centre, tracez les arcs de cercles partant des points *b, a, 8, 7, 6, 5, 4* des lignes *bc* et *ad* ; du point *4* reportez d'arc en arc correspondants aux points de divisions les distances *4.5*, *5.6, 6.7*, étc du plan, du point *b''* répétez inversement les mêmes distances toujours en faisant correspondre les points de division aux arcs de cercles partant de ces points, joignez ensuite chacun de ces points de divisions au centre *n*, chacun des points d'intersection de ces rayons avec les arcs de cercles partant des points correspondants de la ligne *ad*, seront les points de passage de la ligne de développement de la partie ovale du fond. Poursuivez les arcs de cercles partant des points *4* des lignes *bc* et *ad*, du point *4* faites les distances *4.3, 3.2, 2.1, 1c''* égales aux distances correspondantes du plan que vous répétez deux fois et vous aurez le développement total de la partie évasée de ce modèle

# — BAIN DE PIED EN FORME D'OVE —

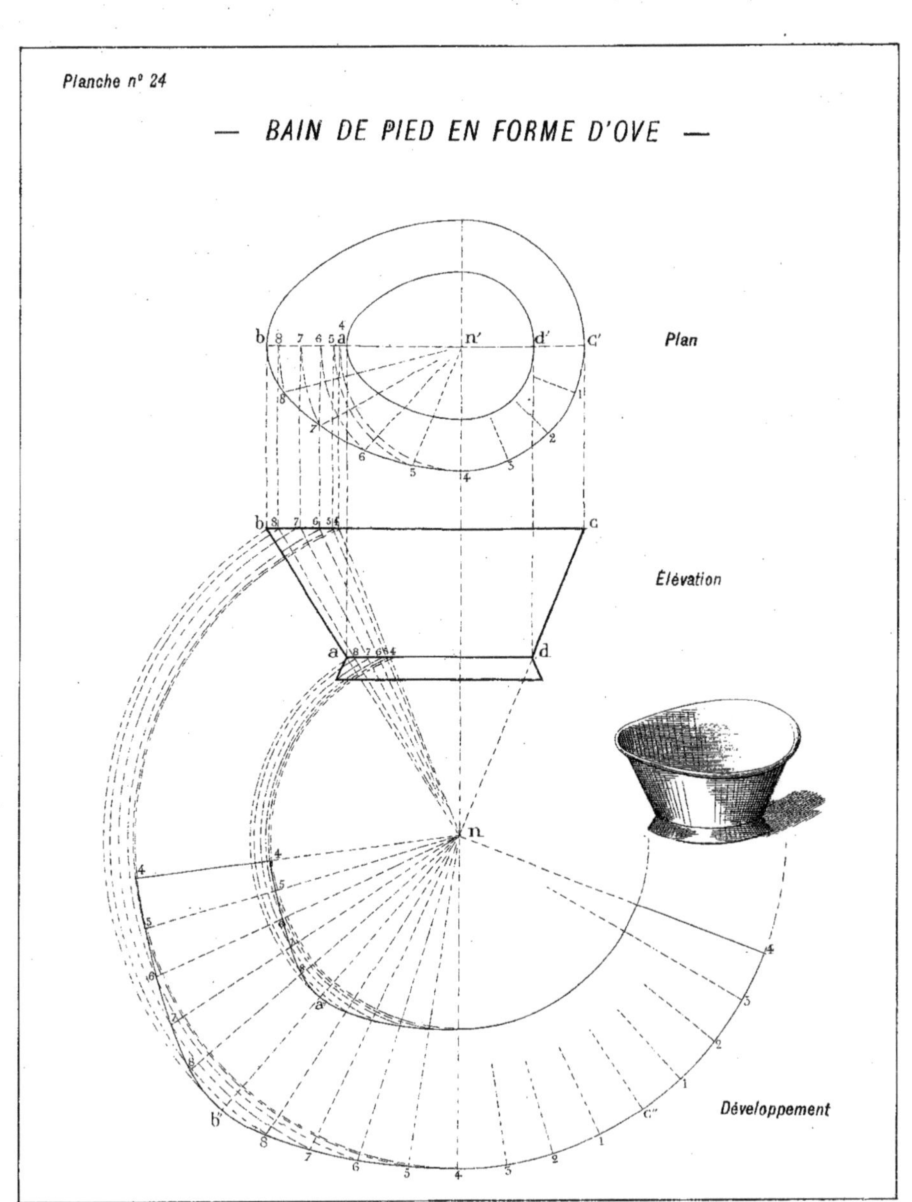

# BASSIN DE FORME OVALE

Le développement de ce bassin de forme ovale est trouvé par le développement de chaque arc de cercle successif qui ont déterminé la forme de l'ove.

Dessinez d'abord votre plan, abaissez les points correspondants et tracez votre élévation.

Pour avoir les rayons des cercles du développement faites la distance $nn'$ égale à la hauteur de l'élévation, des points $n$ et $n'$ et perpendiculaires à cette ligne tracez les lignes $ne'$ et $n'g'$, faites les distances $nf'$, $n'h'$, égales aux rayons $of$ et $oh$ de la partie en demi-cercle; joignez les points $f'h'$, poursuivez la ligne jusquà son intersection $q$ avec la ligne $nn'$ prolongée, les distances $qf'$ et $qh'$ seront les rayons des arcs de cercles du développement du demi-cercle.

Ensuite, faites les distances $ne'$ et $n'g'$ égales aux rayons $ke$, $kg$ des arcs de cercles $ef$ et $gh$ du plan; joignez les points $e'g$ poursuivez la ligne jusqu'à son intersection $r$ avec la ligne $nn'$ prolongée, les distances $re'$ $rg'$ seront les rayons des arcs de cercles $ef$, $gh$ du développement.

Ensuite, faites les distances $na''$, $nc''$ égales aux rayons des arcs de cercles de l'extrmité de l'ove, joignez lees points $a''c''$, poursuivez comme précédemment jusqu'à l'intersection $p$, et les distances $pa''$, $pc''$ seront les rayons des arcs de cercles du développement de l'extrémité de l'ove. Vous faites successivement les développements de ces arcs de cercles comme l'indique la figure et vous en obtenez les longueurs successives comme on en a donné l'explication précédemment pour les développements de cercles.

# — BASSIN DE FORME OVALE —

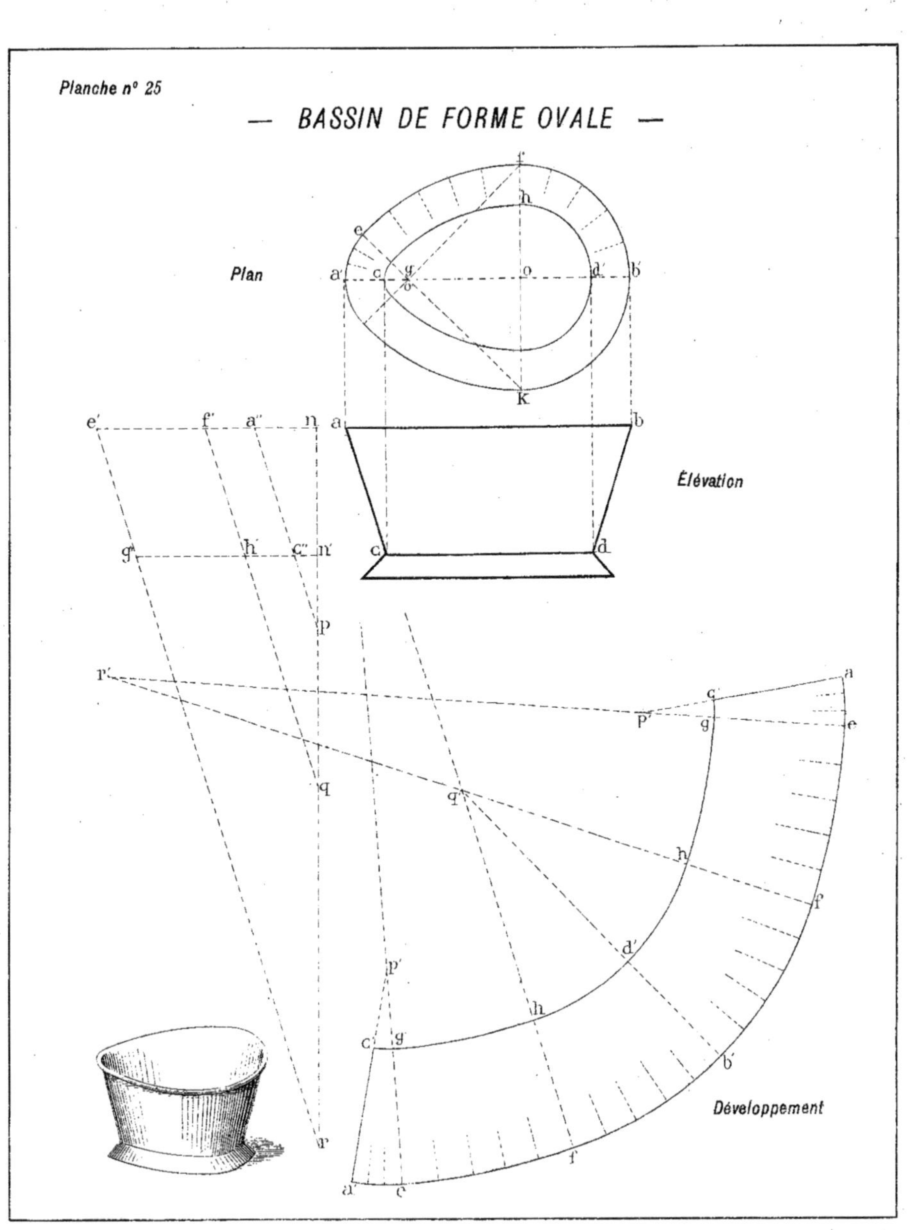

# DÉVELOPPEMENT
## DES DEUX PARTIES D'UN CONE
## DE FORME ELLIPTIQUE TRONQUÉ OBLIQUEMENT

Dessinez d'abord votre élévation ; puis correspondant à la base *ab* tracez votre plan ; divisez ensuite le plan en un nombre quelconque de parties ; poursuivez la base *ab*, du point *c*, quelconque élevez une perpendiculaire, faites *cd* égale à la hauteur de l'élévation ; du point *c* faites les distances *c1, c2, c3, c4*, etc., égales aux rayons *o1, o2, o3, o4*, etc., du plan, joignez ensuite chacun des points *1, 2, 3, 4*, etc., au point *d* ; du point *d* comme centre tracez les arcs de cercles partant des points *1, 2, 3, 4*, etc., de la ligne *cg*, du point *1* pris sur l'arc de cercle partant du point *1*, portez d'arc en arc partant de points correspondants chacune des divisions du plan, vous obtenez ainsi les points de passage du développement de l'ellipse de la base ; joignez les extrémités *1* au point *d* vous avez le développement total du cône de forme elliptique.

### DÉVELOPPEMENT DE LA SECTION OBLIQUE *ef*

Élevez chacun des points de divisions du plan perpendiculairement sur la ligne *ab*, joignez chacun des points de la ligne *ab*, au sommet *n*, ramenez parallèlement à la base *ab*, chacun des points d'intersection de la ligne *ef*, sur chaque ligne partant des points correspondants de la ligne *cg*, le point *1* ramené sur la ligne partant du point *1*, le point *2* ramené sur la ligne partant du point *2*, etc. ; du point *d* comme centre tracez les arcs de cercles partant de chacun de ces points ; joignez chacun des points de divisions du développement de la base au point *d*, les points d'intersection de ces rayons avec les arcs de cercles partant des points correspondants des lignes *d1, d2, d3*, etc., seront les points de passage de la ligne de développement de la section oblique *ef*. Vous obtenez ainsi le développement de chacune des deux parties du cône que vous pouvez obtenir séparément par le même procédé.

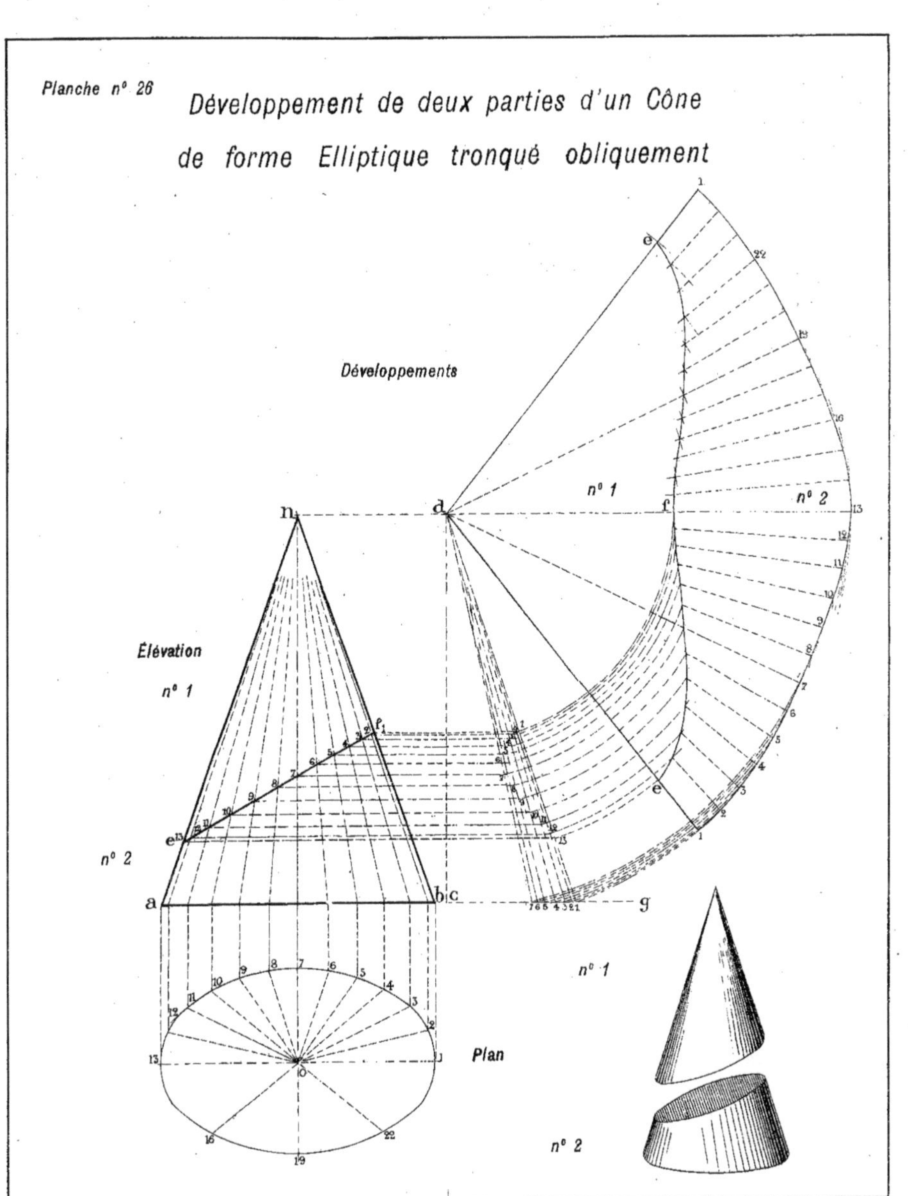

Planche n° 26
Développement de deux parties d'un Cône
de forme Elliptique tronqué obliquement
Développements
Élévation
n° 1
n° 2
n° 1
n° 2
Plan
n° 1
n° 2

# BAIN DE SIÈGE A DOSSIER
## FORME D'OVE

Ce bain de siége à la forme d'un ove la partie du fond comme le bord supérieur, le demi-cercle de l'ove est surmonté d'un dossier.

Dessinez votre élévation, et tracez votre plan en élevant les points correspondants.

### DÉVELOPPEMENT DU DOSSIER

Divisez l'arc de cercle $c'd'$ en un nombre quelconque de parties, tracez les rayons $5v'$, $6v'$, etc., qui couperont le demi-cercle du bord supérieur aux points $5'$, $6'$, $7'$, $8'$ ; abaissez verticalement les points $5$, $6$, $7$, $8$ sur la ligne $cd$, de chaque point d'intersection tracez les horizontales $cc'$, $5.5'$, $6.6'$, etc. Poursuivez les lignes $ab$, $de$, le point d'intersection sera le centre des arcs de cercles partant des points $c'$, $5$, $6$, etc., de la ligne $de$, du point $c''$ de l'arc partant du point $c'$ portez chaque division correspondantes du demi-cercle $c'c'$ du plan, tracez les rayons $c''v$, $5'v$, $6'v$, que vous prolongez jusqu'aux arcs de cercles partant des points correspondants de la ligne $de$, chacun des points d'intersection seront les points de raccord de la ligne de développement du dossier.

### DÉVELOPPEMENT DE L'AUTRE PARTIE

Divisez la partie $c'b'$, du plan en un nombre quelconque de parties, du point $v'$ comme centre réportez chaque point de division $1$, $2$, $3$, $4$, $c'$ sur la ligne $b'd'$, abaissez ces points sur la ligne $bc$, joignez chaque point au centre $v$ cela vous donnera les discorrespondantes sur la ligne $ae$, du point $v$ comme centre, tracez les arcs partant des points correspondants des lignes $bc$, $ae$, du point $c''$ de l'arc partant du point $c'$ portez chaque division de la ligne $b'c'$ du plan d'arc en arc ; ces points vous donneront le passage de la ligne supérieure du développement ; tracez les rayons $c''v$, $4v$, etc., les points d'intersction avec les arcs correspondants partant des points de la ligne $ae$, donneront le passage de la ligne inférieure du développement.

# BAIN DE SIÈGE A DOSSIER
## FORME D'OVE

Plan

Élévation

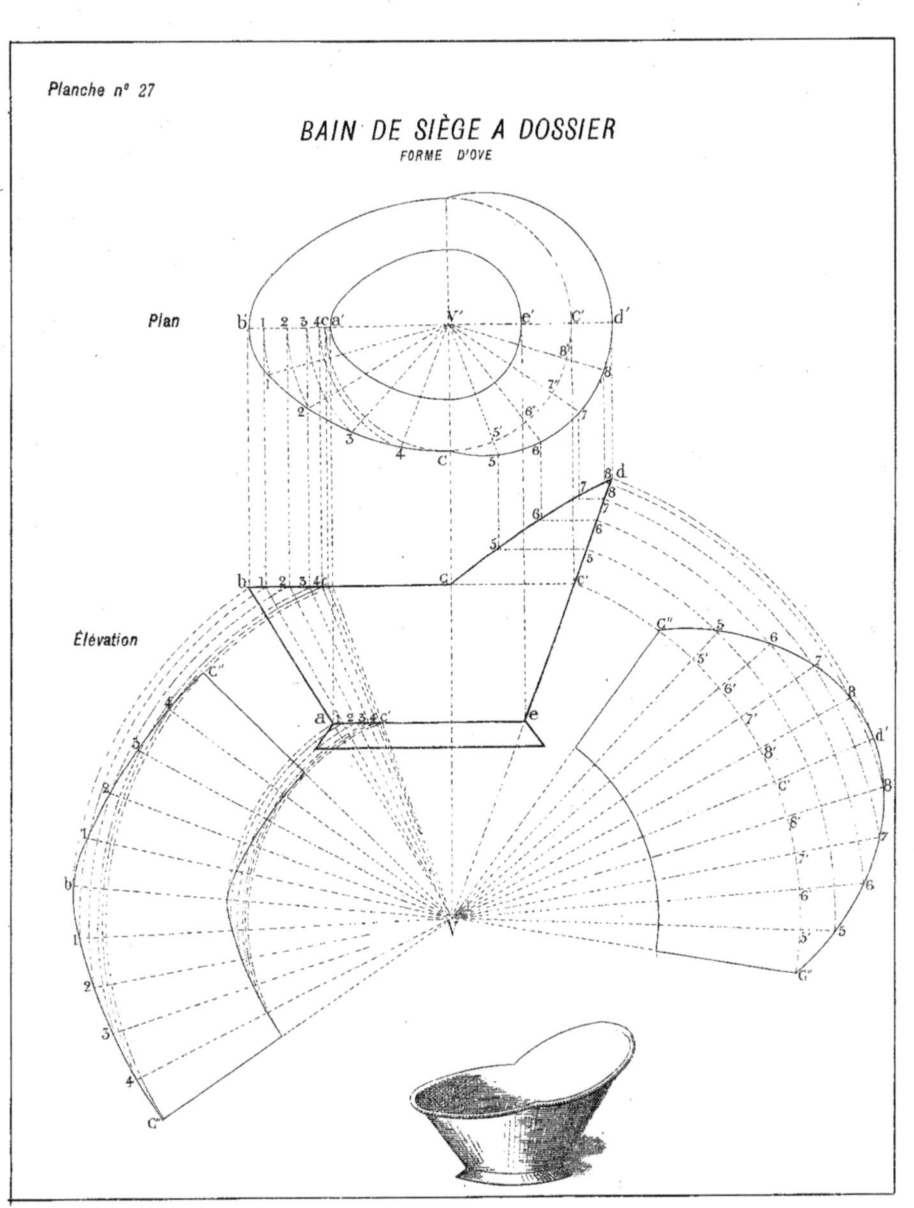

# PYRAMIDE TRIANGULAIRE

Dessinez d'abord votre plan, puis élevez les points correspondants et tracez votre élévation ; vous faites ces deux figures selon les dimensions qui vous sont nécessaires. Perpendiculairement à la base de l'élévation, tracez la ligne *fe* que vous faites égale à la hauteur de l'élévation ; faites la distance *eg* égale au rayon du cercle enveloppant la base triangulaire de la pyramide, joignez les points *fg*, la distance *fg* sera le rayon de l'arc de cercle de la figure du développement.

## DÉVELOPPEMENT

Du point *n'* comme centre avec un rayon égal à la ligne *fg*, tracez l'arc de cercle *a'b'*, *c'd'*, du point *a'* portez sur cet arc de cercle chacun des côtés de la base triangulaire de la pyramide, c'est-à-dire, faites les distances *a'b'*, *b'c'*, *c'd'* égales aux côtés *ab*, *bc*, *cd* de la base triangulaire de la pyramide. Joignez les points *a'*, *d'*, au centre *n"* et vous aurez le développement total des trois faces triangulaires de cette pyramide triangulaire.

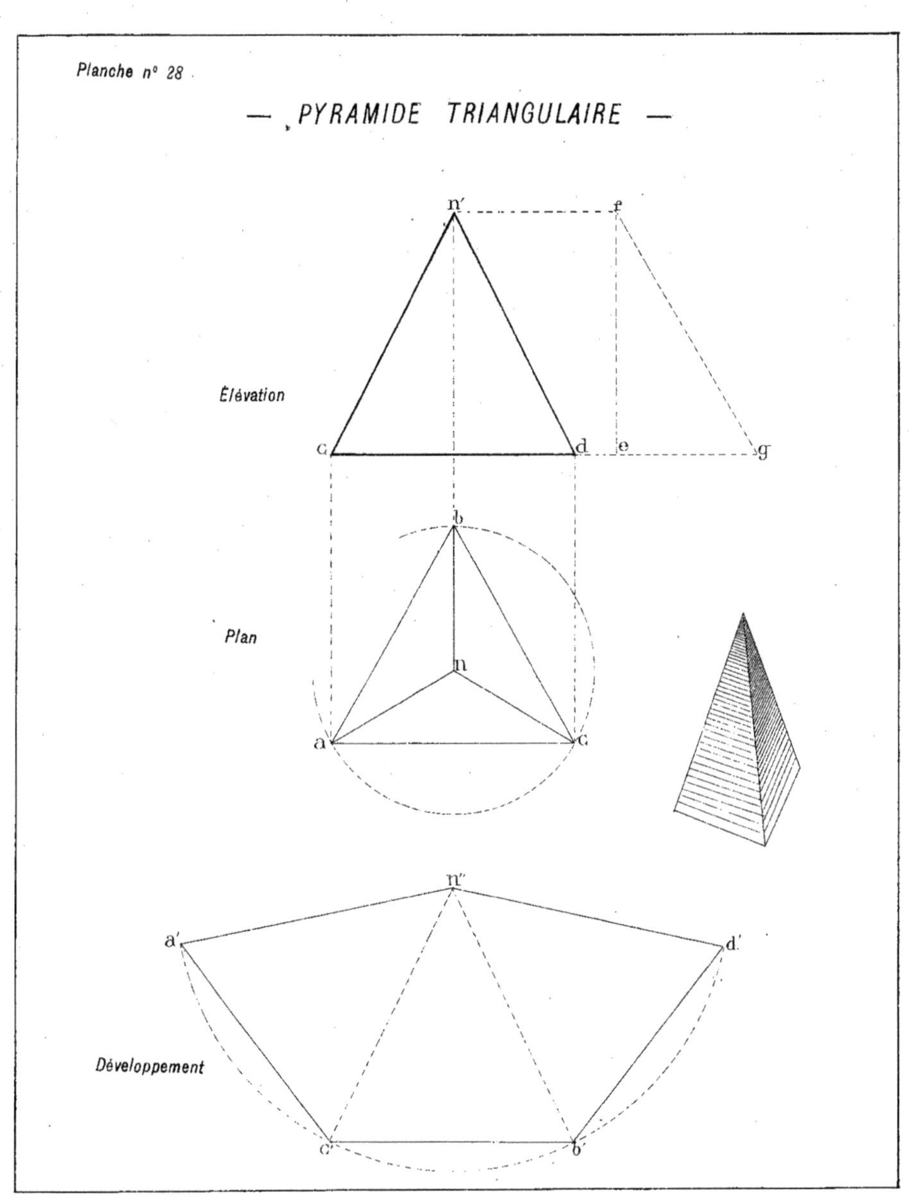

Planche n° 28
— PYRAMIDE TRIANGULAIRE —
Élévation
Plan
Développement

# PYRAMIDE CARRÉE

Dessinez d'abord votre plan, puis élevez les points correspondants et tracez votre élévation ; vous faites ces deux figures selon les dimensions qui vous sont nécessaires.

Perpendiculairement à la base de l'élévation, tracez la ligne $gh$ que vous faites égale à la hauteur de l'élévation ; faites la distance $gi$, égale au rayon du cercle enveloppant la base carrée de la pyramide, joignez les points $hi$, la distance $hi$ sera le rayon de l'arc de cercle de la figure du développement.

### DÉVELOPPEMENT

Du point $n''$ comme centre avec un rayon égal à la ligne $hi$, tracez l'arc de cercle $a'c'a'$, du point $a'$ portez sur cet arc de cercle chacun des côtés de la base carrée de la pyramide, c'est-à-dire, faites les distances $a'b'$, $b'c'$, $c'd'$, $d'a'$ égales aux côtés correspondants $ab$, $bc$, $cd$, $da$ de la base carrée de la pyramide.

Joignez les points $a'$ au centre $n''$ et vous aurez le développement total des quatre faces triangulaires de cette pyramide carrée.

# — PYRAMIDE CARRÉE —

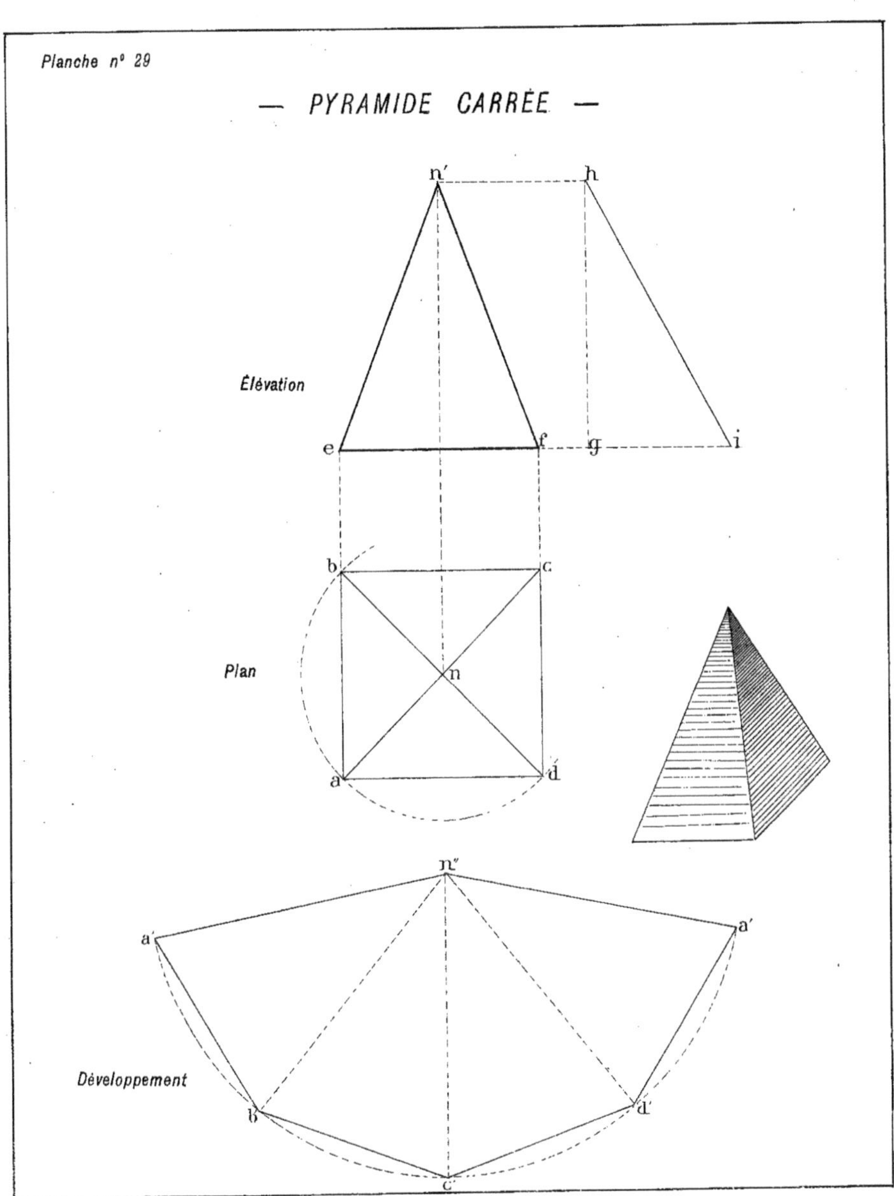

# BASE PYRAMIDALE CARRÉE

Dessinez votre plan, puis élevez les points correspondants, et tracez votre élévation, vous faites ces deux figures avec les dimensions qui vous sont nécessaires.

Pour obtenir les rayons des cercles de la figure du développement, faites la ligne $mn$ perpendiculaire à la base de l'élévation; faites la distance $mq$ égale au rayon $sa$ du cercle enveloppant la base carrée, puis la distance $op$ égale au rayon $se$ enveloppant la partie supérieure de l'élévation, en ayant soin de faire la hauteur $mo$ égale à la hauteur de l'élévation; tracez la ligne $qp$ jusqu'à son intersection $n$ avec la ligne $mn$; la distance $nq$ sera le rayon du grand cercle du développement, et la distance $np$ le rayon du petit cercle du développement, ces deux arcs de cercles doivent avoir le même centre $r$; sur le grand cercle faites les lignes $b'a'$, $a'd'$, $d'c'$, $c'b'$, égales aux côtés correspondants de la base carrée du plan, vous aurez le développement de la base de ce modèle; tracez les rayons $b'r$, $a'r$, $d'r$, $c'r$; joignez chaque point d'intersection de ces rayons avec l'arc de cercle de la partie supérieure et vous aurez le développement de la partie supérieure, joignez les points $f'b'$ et vous aurez la surface totale du développement de ce modèle.

# — BASE PYRAMIDALE CARRÉE —

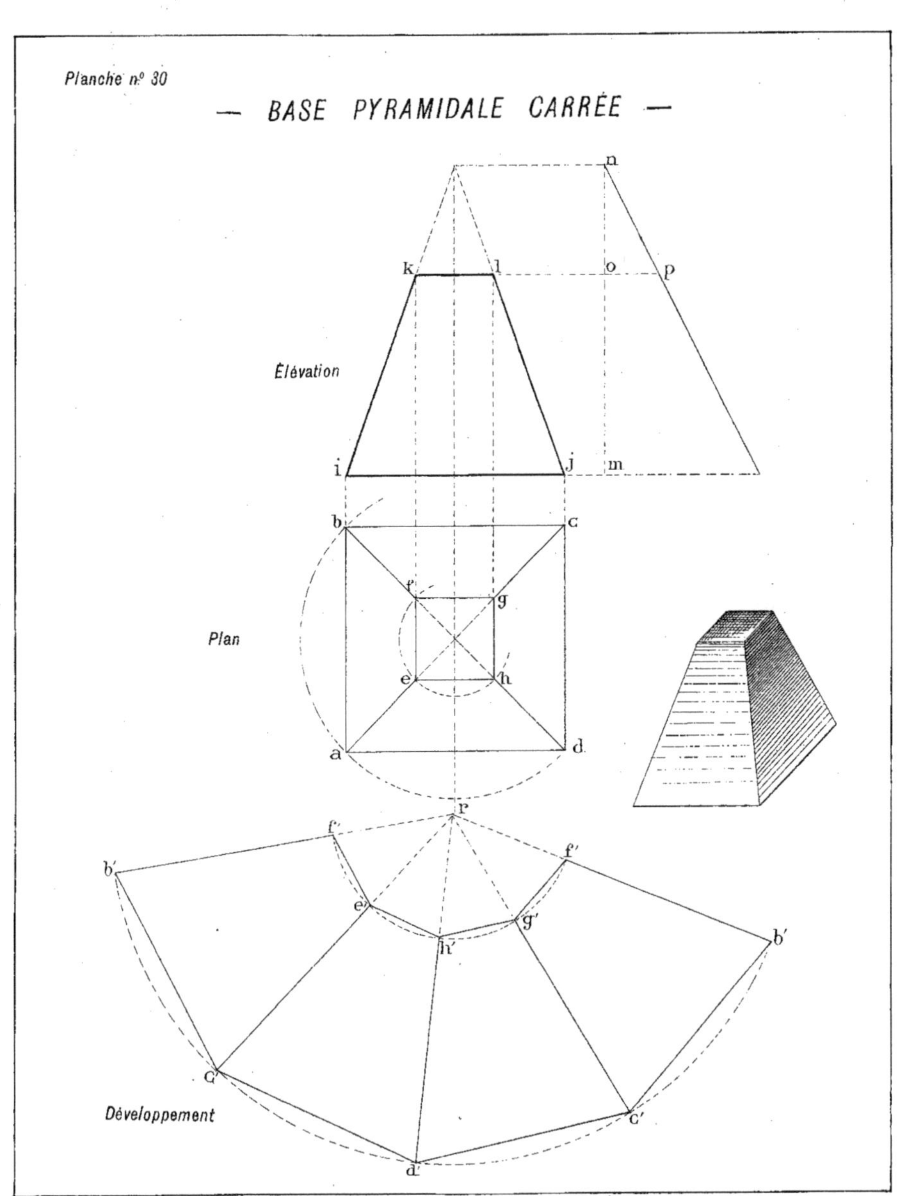

---

# PYRAMIDE PENTAGONALE

---

Dessinez d'abord votre plan, puis élevez les points correspondants et tracez votre élévation ; vous faites ces deux figures selon les dimensions qui vous sont nécessaires. Perpendiculairement à la base de l'élévation tracez la ligne $kj$ que, vous faites égale à la hauteur l'élévation ; faites la distance $kl$, égale au rayon du cercle enveloppant la base de la pyramide, joignez les points $jl$, la distance $jl$, sera le rayon de l'arc de cercle du développement.

### DÉVELOPPEMENT

Du point $h'$ comme centre avec un rayon égal à $jl$, tracez l'arc de cercle $a'd'a'$ ; du point $a'$ portez sur cet arc de cercle chacun des côtés de la base pentagonale de la pyramide, c'est-à-dire faites les distances $a'e'$, $e'd'$, $d'c'$, $c'b'$, $b'a'$ égales aux côtés $ae$, $ed$, $dc$, $cb$, $ba$. Joignez les points $a'h'$ et vous aurez le développement total des cinq faces triangulaires de cette pyramide pentagonale.

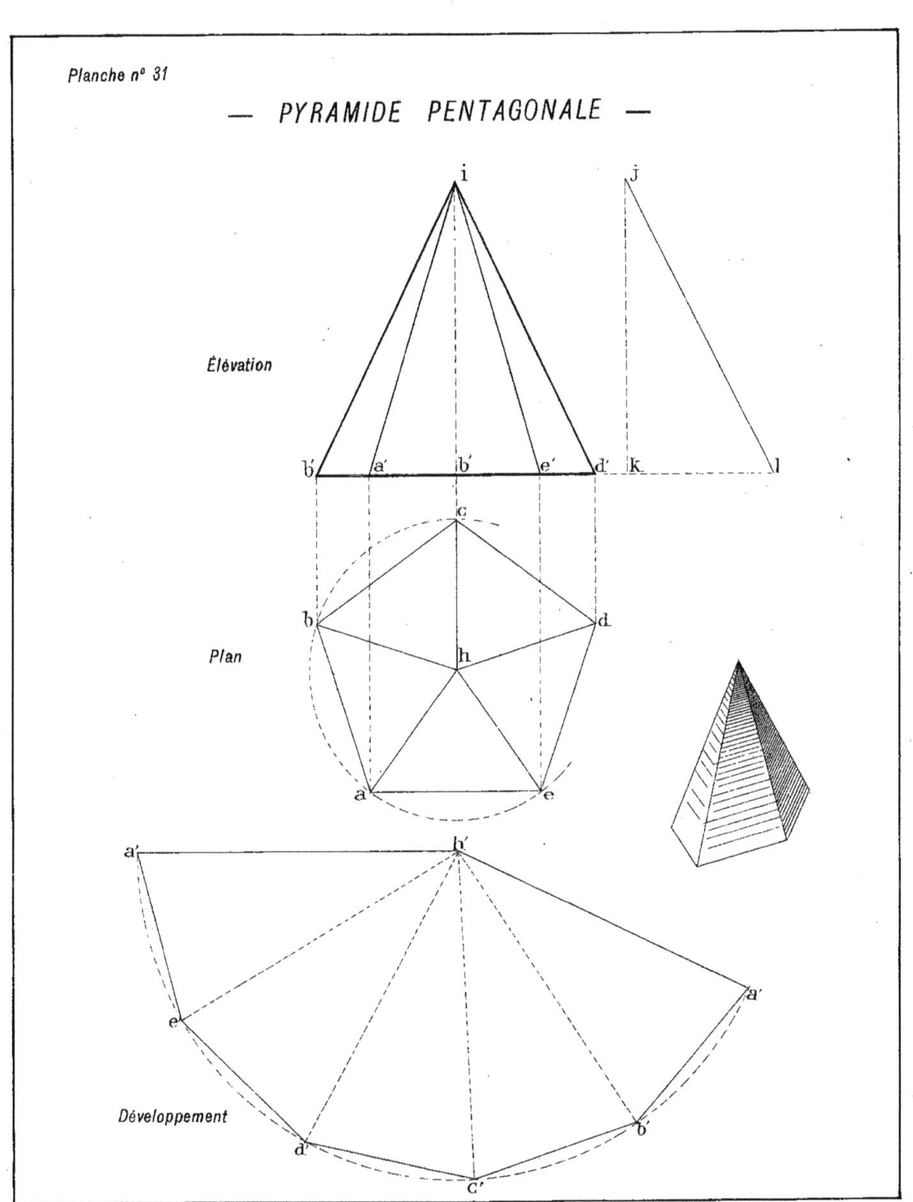


Planche n° 31
— PYRAMIDE PENTAGONALE —
Élévation
Plan
Développement
i
j
b' a' b' e' d' k l
c
b d
h
a e
a' h'
a'
e
b'
d' c'

PLANCHE XXXII

# SOCLE  HEXAGONAL

Dessinez votre plan, puis élevez les points correspondants et dessinez votre élévation; vous faites ces deux figures avec les dimensions qui vous sont nécessaires.

Pour avoir le rayon du cercle de votre développement, tracez la ligne $nm$ parallèle à la hauteur $b'd'$ de l'élévation; vous faites les distances $ns$ et $lr$ égales aux distances $oc$ et $of$ du plan, en ayant soin de faire la hauteur $nl$ égale à la hauteur de votre socle et les lignes $lr$ et $ns$ perpendiculaires à la ligne $ln$ comme l'indique la figure; tracez la ligne $rs$ jusqu'à son intersection $m$ avec la ligne $nl$, la distance $ms$ sera le rayon du cercle $bhb$ du développement et la distance $mr$ sera le rayon du cercle formant la partie supérieure.

Faites les distances $ba$, $ak$, $kh$, etc. du cercle $bhb$ du développement égales aux distances correspondantes $ba$, $ak$, $kh$ du plan; joignez chacun des points $b$, $a$, $k$, $h$, et vous aurez le développement de la base de votre socle; tracez les rayons $ao$, $ko$, $ho$, etc., l'intersection de ces rayons avec le cercle ayant pour rayon la distance $mr$ seront les points correspondants $d$, $e$, $i$, $j$, etc., de l'hexagone formant la partie supérieure de l'élévation; joignez chacun de ces points et vous aurez la ligne de développement du bord supérieur de votre socle.

# — SOCLE HEXAGONAL —

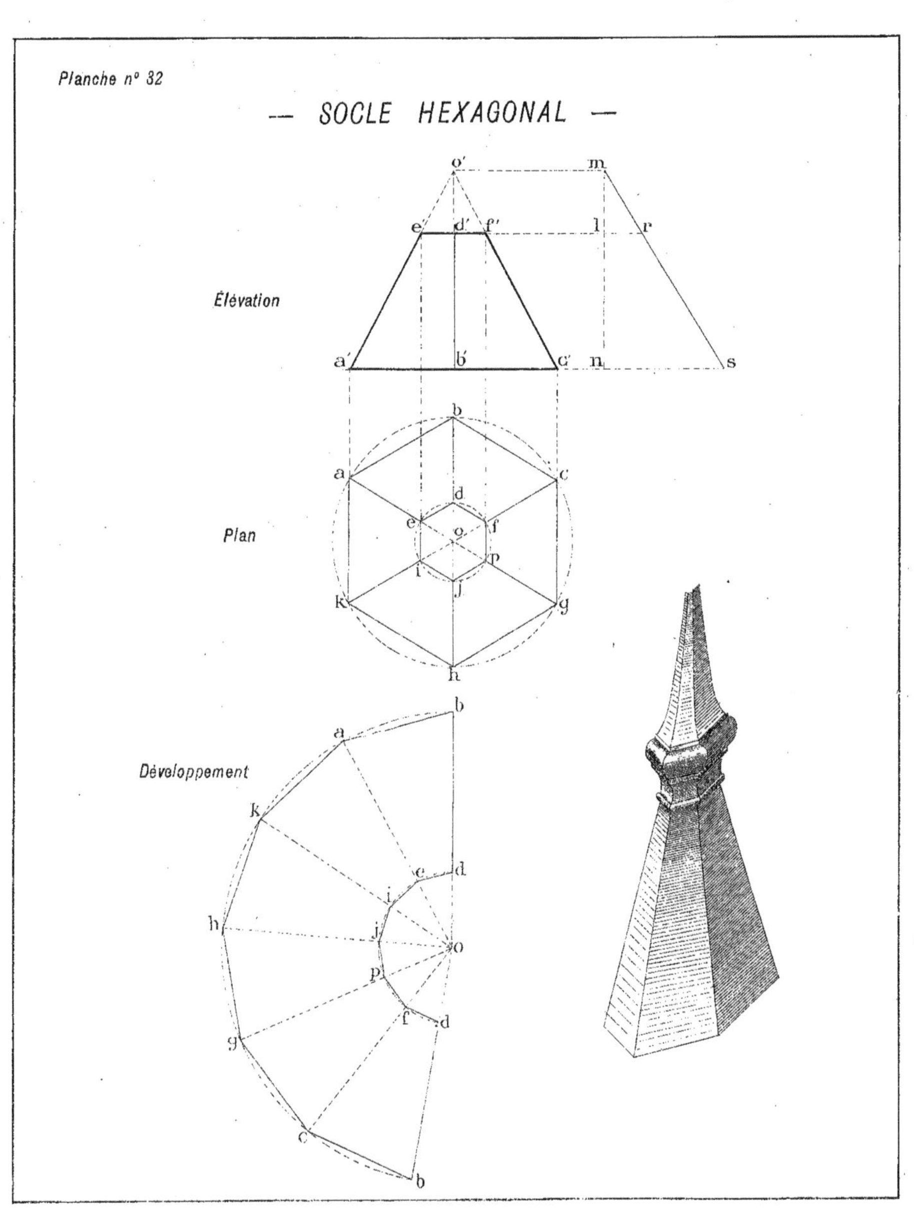

# SOCLE OCTOGONAL

Dessinez votre plan, puis élevez les points correspondants et tracez votre élévation ; vous faites ces deux figures avec les dimensions qui vous sont nécessaires.

Pour avoir les rayons des cercles de votre développement, tracez la ligne *mn*, faites la distance *nl*, égale à la hauteur de votre élévation, perpendiculaires à cette ligne tracez les lignes *lr* et *ns* que vous faites égales, la première au rayon enveloppant le petit octogone de la partie supérieure, la deuxième au rayon du cercle enveloppant l'octogne de la partie inférieure ; tracez la ligne *rs* jusqu'à son intersection *m* avec la ligne *nm*.

Avec un rayon égal à *ms*, tracez le grand cercle *aea* du développement puis du même centre *x* avec un rayon égal à *mr* tracez le petit cercle *ipi*.

Sur le grand cercle *aea* portez chaque côté *ab*, *bc*, *cd*, etc., de l'octogone du plan formant la partie inférieure de l'élévation, tracez les rayons *xa*, *xb*, *xc*, *xd*, etc., les distances *ij*, *jk*, *ko*, etc., formées par l'intersection de ces rayons avec le petit cercle de la partie supérieure, seront égales aux côtés de l'octogone du plan formant la partie supérieure de l'élévation ; joignez chacun des points *a*, *b*, *c*, *d*, etc, du grand cercle et *i*, *j*, *k*, *o*, *p*, ett. du petit cercle et vous aurez la surface du développement total de cette partie octogonale.

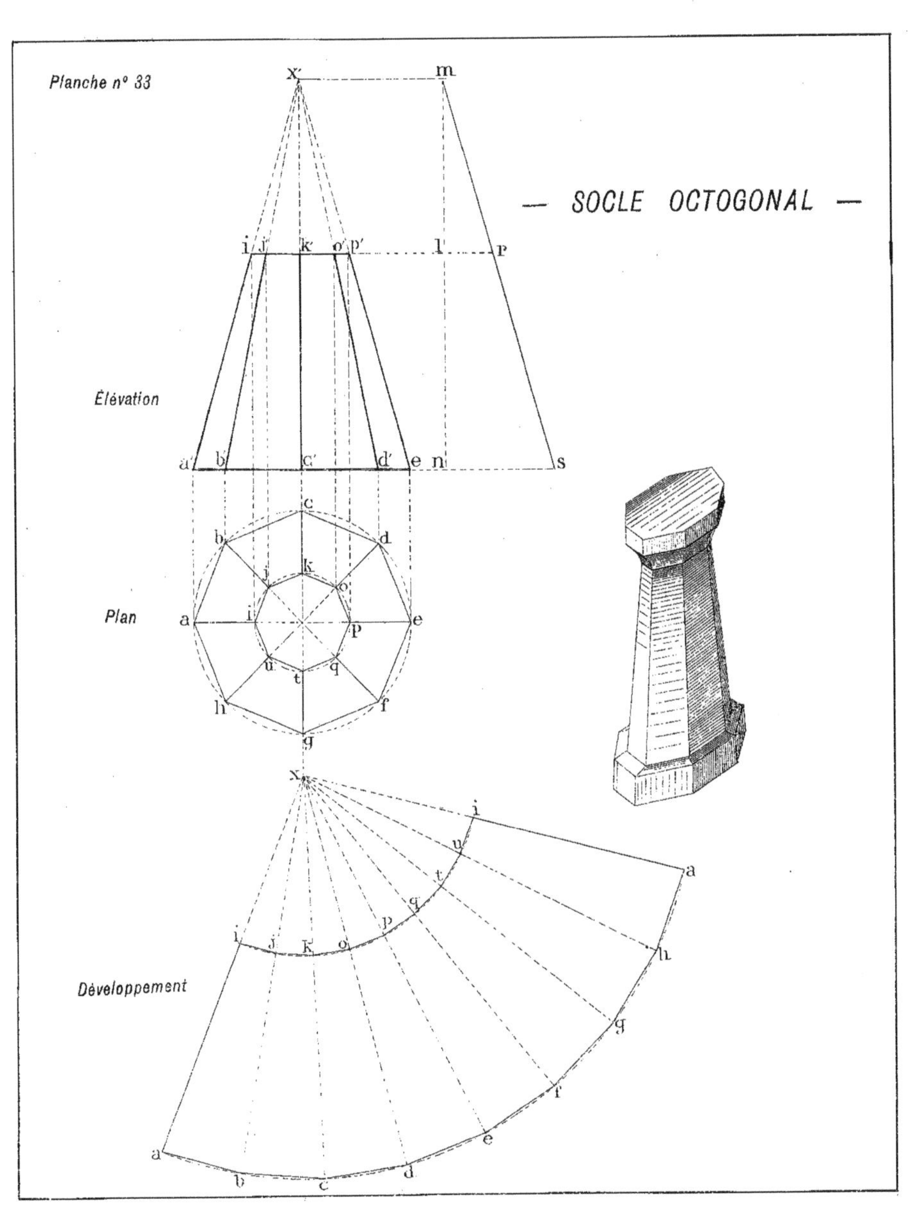

Planche nº 33
— SOCLE OCTOGONAL —
Élévation
Plan
Développement

---

# SOCLE OCTOGONAL A PANS INÉGAUX

---

Dessinez votre plan, puis élevez les points correspondants, et tracez votre élévation; vous faites ces deux figures avec les dimensions qui vous sont nécessaires.

Pour avoir les cercles de votre développement; tracez la ligne $sss''$, vous faites $ss$ égale à la hauteur de votre élévation, des points $s$ et perpendiculaires à cette ligne tracez les lignes $sk$ et $sc$ que vous faites égales la première au rayon $sk$ du plan engendrant la partie supérieure, la deuxième au rayon $sc$ du plan engendrant la partie inférieure; tracez la ligne $ck$ que vous poursuivez jusqu'à son intersection $s''$ avec la ligne $ss$.

Avec un rayon égal à $s''c$ tracez le grand cercle $aea$ du développement, puis avec un rayon égal à $s''k$, tracez le petit cercle $ini$.

Sur le grand cercle $aea$ portez chaque côté $ab$, $bc$, $cd$, etc. de la partie inférieure de l'élévation, tracez les rayons $as$, $bs$, $cs$, etc., les distances $ij$, $jk$, $kl$, formées par l'intersection des rayons avec le petit cercle $ini$ seront égales aux côtés correspondants $ij$, $jk$, $kl$ du plan et formant la partie supérieure de l'élévation.

Joignez chaque·point $a$, $b$, $c$, $d$, etc., du grand et $i$, $j$, $k$, $l$, etc., du petit cercle et vous aurez la surface du développement total de cette partie octogonale à pans inégaux.

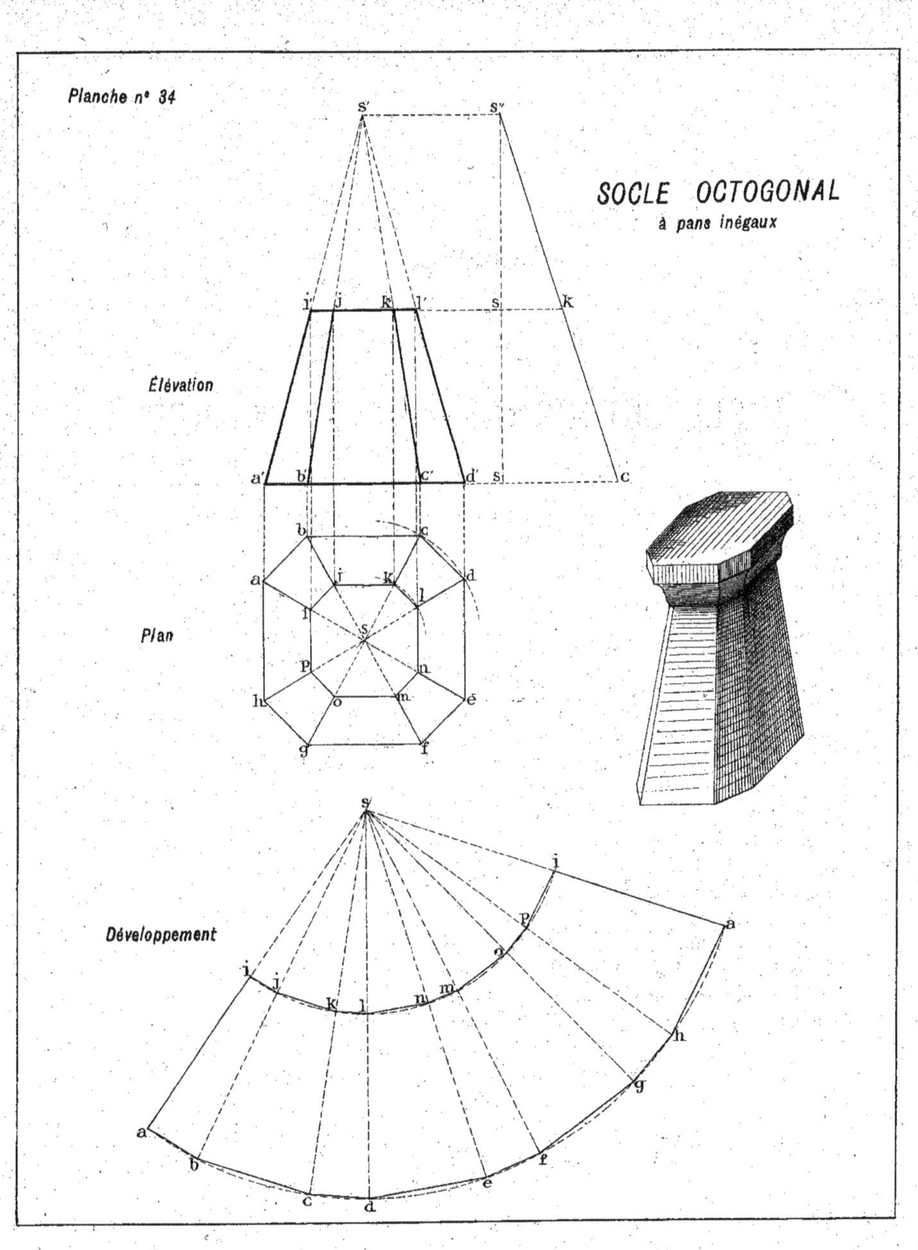


Planche n° 34
SOCLE OCTOGONAL
à pans inégaux
Élévation
Plan
Développement

---

# SOCLE OCTOGONAL A BASE CARRÉE

---

Socle dont la partie supérieure a la forme d'un octogone régulier et dont les pans viennent se raccorder aux quatre angles d'une base carrée.

Dessinez votre plan, puis élevez les points correspondants et tracez votre élévation; vous faites ces deux figures suivant les dimensions qui vous sont néeessaires.

Pour avoir les rayons des cercles de votre développement, tracez la ligne *s'n* perpendiculaire à la base de votre élévation, perpendiculaire à cette ligne *s'n* tracez les lignes *s'j'*, *s'd'*, en ayant soin de faire la distance *s's'* égale à la hauteur de votre élévation; faites *s'j'* égale au rayon *sj* du cercle engendrant l'octogone de la partie supérieure, puis *s'd'* égale au rayon *sd* engendrant le carré de la base; tracez la ligne *j'd'* jusqu'à son intersection *n* avec la ligne *s'n'*; du point *s''* rvec un rayon égal à *nd'*, tracez le cercle *ada* du développement de la base carrée, du même point dc centre *s''* avec un rayon égal à *nj*, tracez le cercle *eie* du développement de la partie octogonale,

Sur le grand cercle *ada*, portez chaque côté *ab*, *bd*, *dc*, *ca* de la base carrée, tracez les rayons *s''a*, *s''b*, etc. Sur le petit cercle *eie* portez chaque côté de l'octogone de la partie supérieure, en ayant soin qu'un côté de l'octogone se trouve divisé par les rayons partant du grand cercle en deux parties égales.

Joignez chacun des points *abcd* du grand et *efg*, etc. du petit cercle et les extrémités *ae* et vous aurez le développement total de ce modèle.

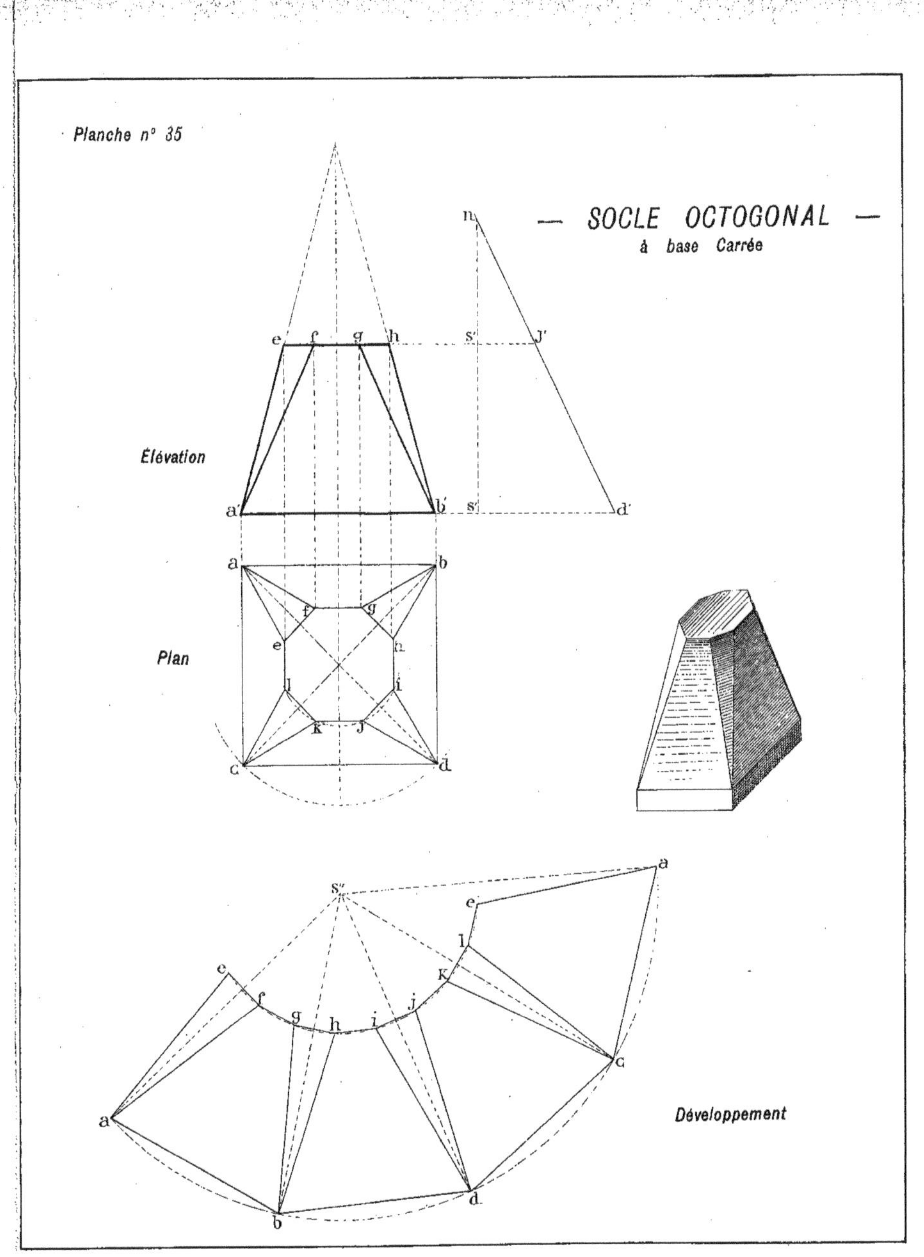

Planche n° 35
— SOCLE OCTOGONAL —
à base Carrée
Élévation
Plan
Développement

# COUVERTURE D'UN TRIANGLE ÉQUILATÉRAL

Dessinez d'abord votre plan, puis élevez les points correspondants et tracez votre élévation, vous faites ces deux figures avec les dimensions qui vous sont nécessaires. Divisez la ligne courbe $b'f'$ de l'élévation, c'est-à-dire le profil pris sur le milieu d'un des côtés, en un nombre quelconque de parties ; abaissez chacun des points de divisions sur l'une ou l'autre des arêtes des côtés en plan, sur la ligne $bf$ comme exemple pour avoir le développement du côté $abef$.

De chaque point correspondant $1$, $2$, $3$, etc. de la ligne $bf$, tracez des paral- à la lignes $ab$, et de chaque point correspondant des lignes $ae$ et $bf$ tracez des perpendiculaires à la ligne $ab$.

Sur la ligne $n'f'$ de la figure du développement élevée perpendiculairement sur le milieu du côté $ab$, portez chaque division de la ligne courbe $b'f'$ de l'élévation ; de chacun des points de division tracez des parallèles au côté $ab$, chacun des points d'intersection de ces parallèles avec les perpendiculaires partant des points correspondants des arêtes $ae$ et $bf$, seront les points de passage des lignes du développement du côté $aefb$.

# COUVERTURE D'UN TRIANGLE ÉQUILATÉRAL

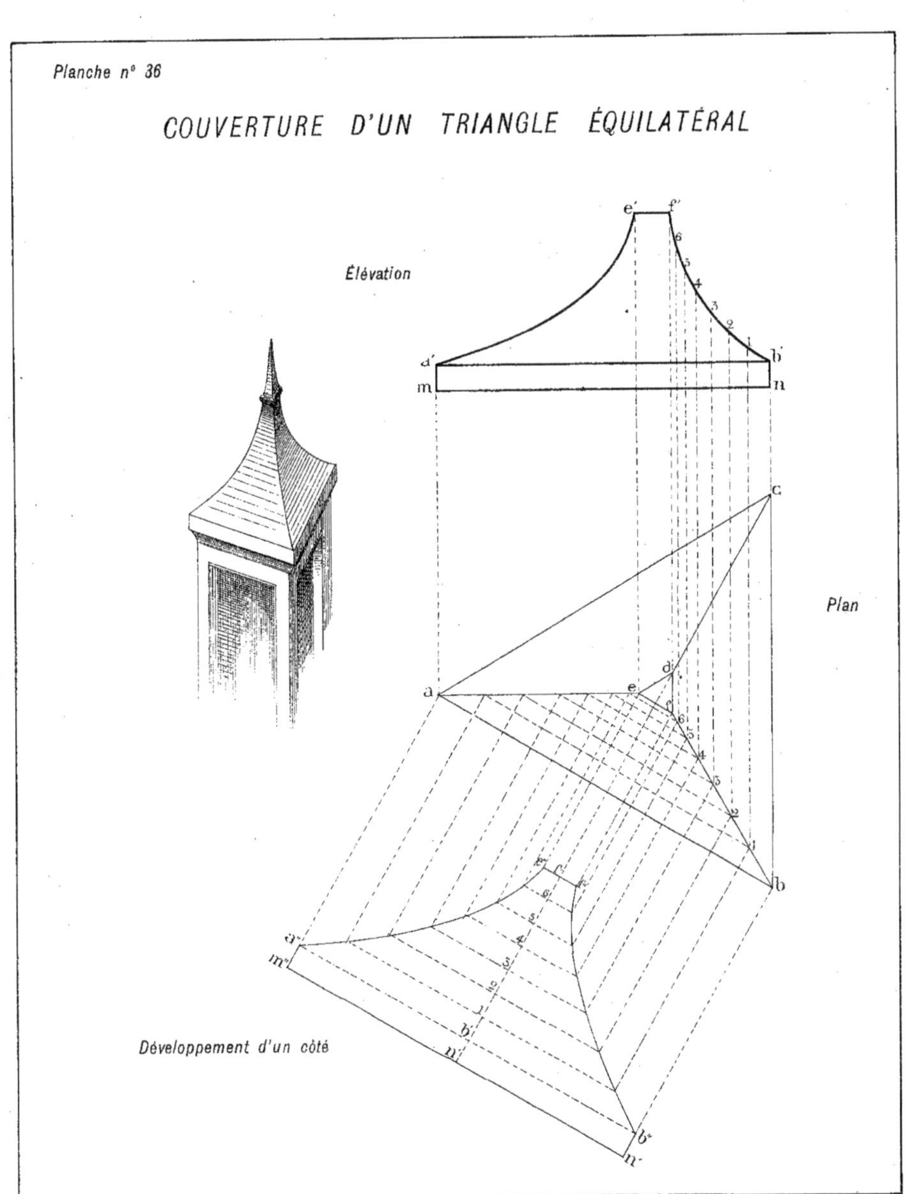

---

# SEAU A CHARBON RECTANGULAIRE

---

Modèle de seau où boîte à charbon dont les évasements des petits et grands côtés sont différents.

Dessinez d'abord votre élévation ainsi que l'élévation vue sur le petit côté, pour les deux évasements différents, tracez ensuite le plan *mnop* de l'objet.

### Développement des Faces

Vous faites les longueurs $a'c'$ et $b'd'$, des faces des petits côtés égales à l'inclinaison $ac$ ou $bd$ des petits côtés, donnée par l'élévation sur le grand côté, ensuite vous faites les longueurs $e'g'$ et $a'h'$ égales à l'inclinaison $eg$ ou $fh$ des grands côtés donnée par l'élévation vue sur le petit côté. Vous faites le bord supérieur et les côtés de la partie du fond de ces faces égal aux côtés du bord supérieur et de la partie du fond du modèle, indiqués en plan, comme l'indique la disposition de la figure du développement des faces.

L'inclinaison des côtés peut varier, les grands côtés plus inclinés que les petits, l'inclinaison des quatre côtés même peut-être différentes ; le procédé sera toujours le même en prenant cette même disposition.

# SEAU A CHARBON RECTANGULAIRE

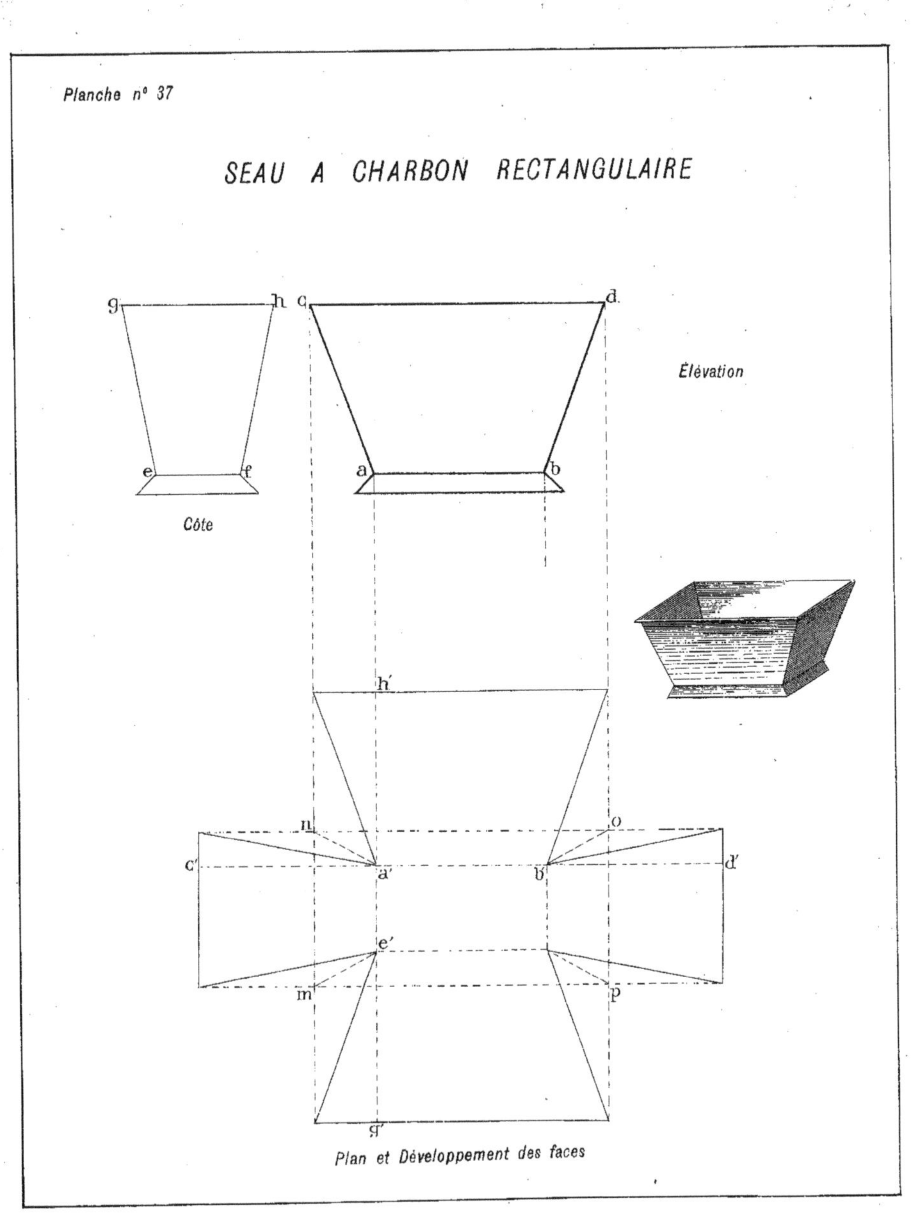


Plan et Développement des faces

---

# CUVETTE DE GOUTTIÈRE A ANGLES DROITS

---

Modèle de cuvette de gouttière à face inclinée et dont l'inclinaison est régulière sur chacune des trois faces.

Dessinez d'abord votre élévation, tracez ensuite le plan *mnop*, vous faites ces deux figures selon des dimensions et l'inclinaison que vous jugez convenable.

### DÉVELOPPEMENT DES FACES

Vous faites les longueurs *a'c'*, *b'd'*, des faces de chaque côté, égales à l'inclinaison *ac* ou *bd* de l'élévation, puis ajoutez à chacune de ces faces la hauteur de la partie haute *ecdf* du modèle c'est-à-dire, vous faites *e'c'*, *d'f'* égales à *ce* ou *df* de l'élévation. Vous faites les côtés du bord supérieur et de la partie du fond de chaque face égaux aux côtés correspondants, du bord supérieur et de la partie du fond du modèle, indiqués en plan ; comme l'indique la disposition de la figure du développement des faces.

Pour la face droite adossée contre le mur vous faites les lignes *rs* égales à la ligne *ac* de l'élévation et les lignes *sv* égales à la partie haute *cu* de l'élévation.

# CUVETTE DE GOUTTIÈRE A ANGLES DROITS

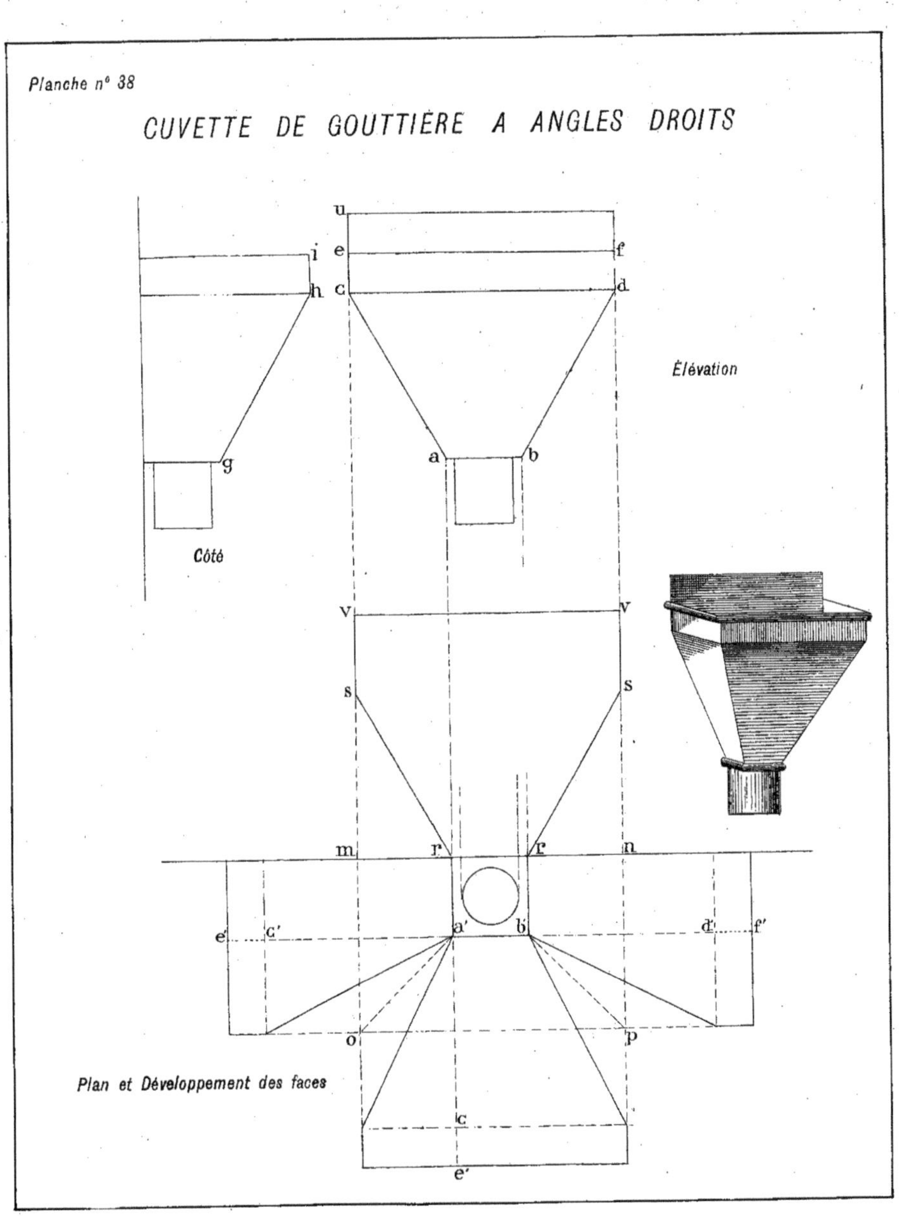

---

# CUVETTE DE GOUTTIÈRE A ANGLES DROITS
## SECTIONNÉE

---

Cette cuvette peut avoir tous les profils que l'on voudra. Avec la disposition qui est donnée on voit que l'on obtient ensemble le développement de la face et le développement du côté.

Dessinez d'abord votre plan, puis abaissez les points correspondants et tracez votre élévation; divisez ensuite le profil en un nombre quelconque de parties, comme il a déjà été dit précédemment plus les divisions seront nombreuses, plus votre développement se rapprochera de la vérité. De chacun de ces points de divisions abaissez des perpendiculaires à l'élévation. Parallèlement à ces lignes tracez la ligne *ab* sur laquelle vous portez chacune des divisions de votre profil, vous obtenez ainsi la longueur du développement. De chacun des points de divisions de la ligne *ab* tracez des perpendiculaires à cette ligne, les points d'intersections de ces perpendiculaires avec les perpendiculaires de l'élévation partant des points correspondants, seront les points de passage du profil du développement. On voit qu'en prolongeant les perpendiculaires de la ligne *ab* et avec la même division du profil on obtient en même temps le développement du côté.

# CUVETTE DE GOUTTIÈRE A ANGLES DROITS
## sectionnée

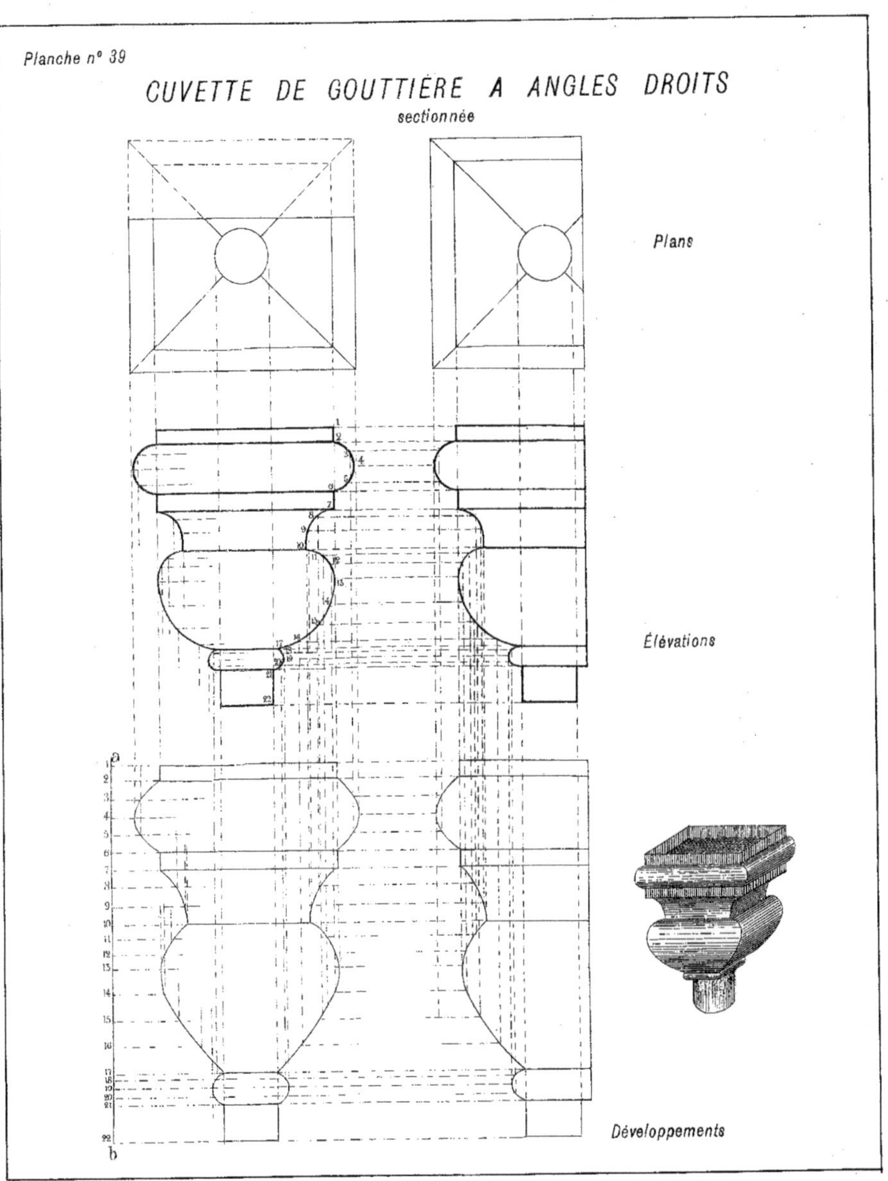

---

# VASE  PENTAGONAL

---

Dessinez d'abord votre plan puis élevez les points correspondants et tracez votre élévation, disposez toujours, pour ce genre de développements d'objets polygonaux, votre plan de manière qu'un des côtés du polygone soit perpendiculaire à la base de l'élévation pour obtenir exactement le profil sur le milieu d'un des pans du polygone. Exemple : Le côté *ab* perpendiculaire à la base de l'élévation et le profil 8.7.6, etc. est le profil obtenu sur le milieu de *ab* pour avoir la longueur du développement. De chacun des points du profil abaisez des perpendiculaires à l'élévation ; de chacun des points d'intersection de ces perpendiculaires avec les arêtes en plan du côté *ab* tracez des perpendiculaires à ce côté parallèlement à ces lignes. Tracez la ligne *cd* sur laquelle vous portez chacune des divisions du profil, et de chacun de ces points et perpendiculairement à cette ligne tracez des parallèles les points d'intersections de ces parallèles avec celles partant des points correspondants des côtés *ae*, *bf* du plan seront les points donnant la forme, étant joints par des lignes, du développement d'un côté du vase polygonal à cinq côtés.

# — VASE PENTAGONAL —

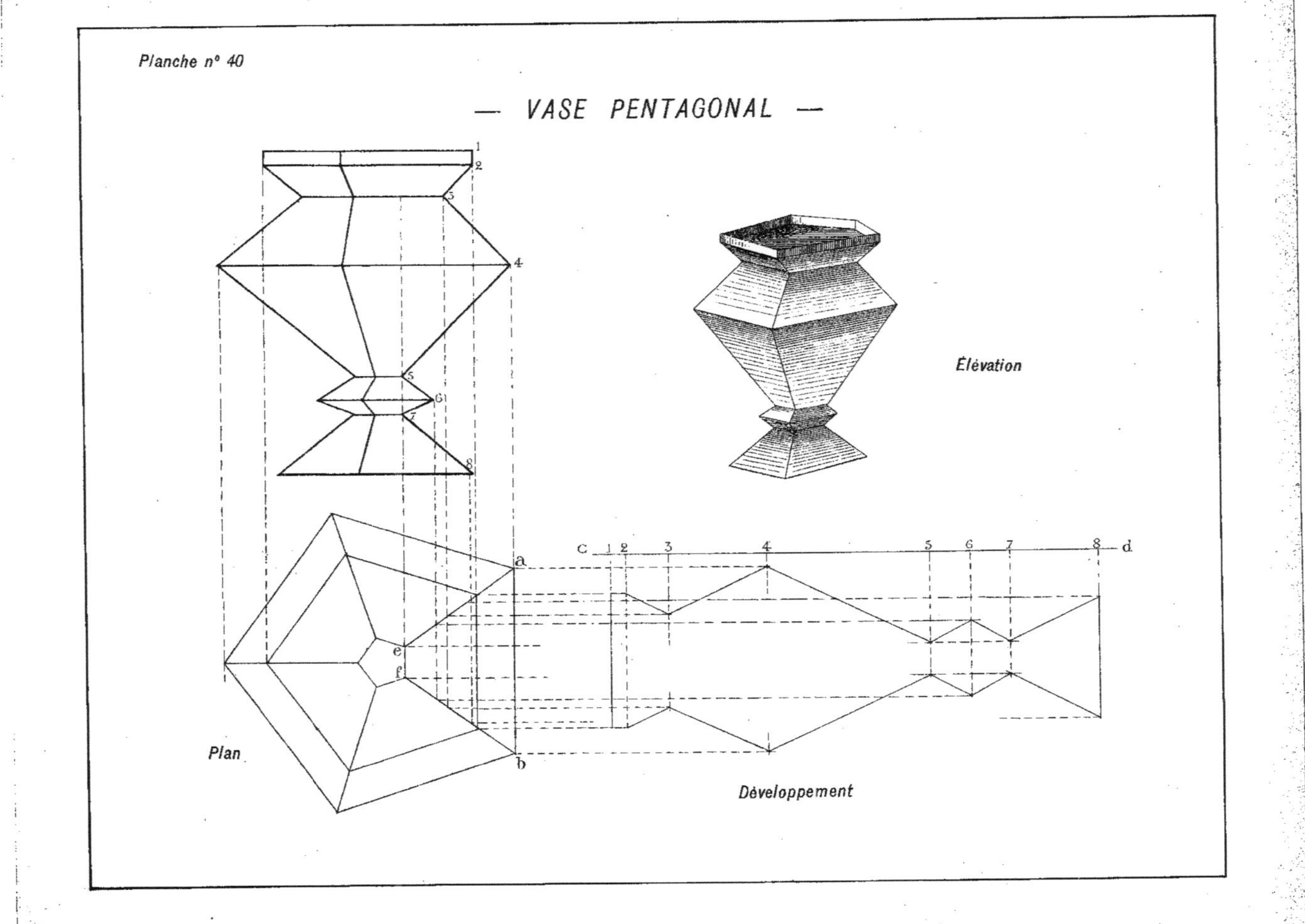

---

# VASE HEXAGONAL

---

Vase hexagonal donné comme les modèles précédents pour exemple d'objet à pans avec un profil quelconque.

Comme il a déjà été dit précédemment un côté du plan doit toujours être perpendiculaire à la base de l'élévation de l'objet pour obtenir exactement le profil sur le milieu du côté, et c'est ce côté qui sert de modèle pour obtenir le développement d'un des côtés de l'objet, développement qui est le même soit pour l'un ou l'autre des côtés, puisque dans ces exemples d'objets polygonaux les côtés sont égaux.

Il est inutile de refaire ici l'explication pour trouver le développement d'un côté ce qui ne serait qu'un répétition exacte de ce qui a déjà été dit pour les modèles précédents.

# — VASE HEXAGONALE —

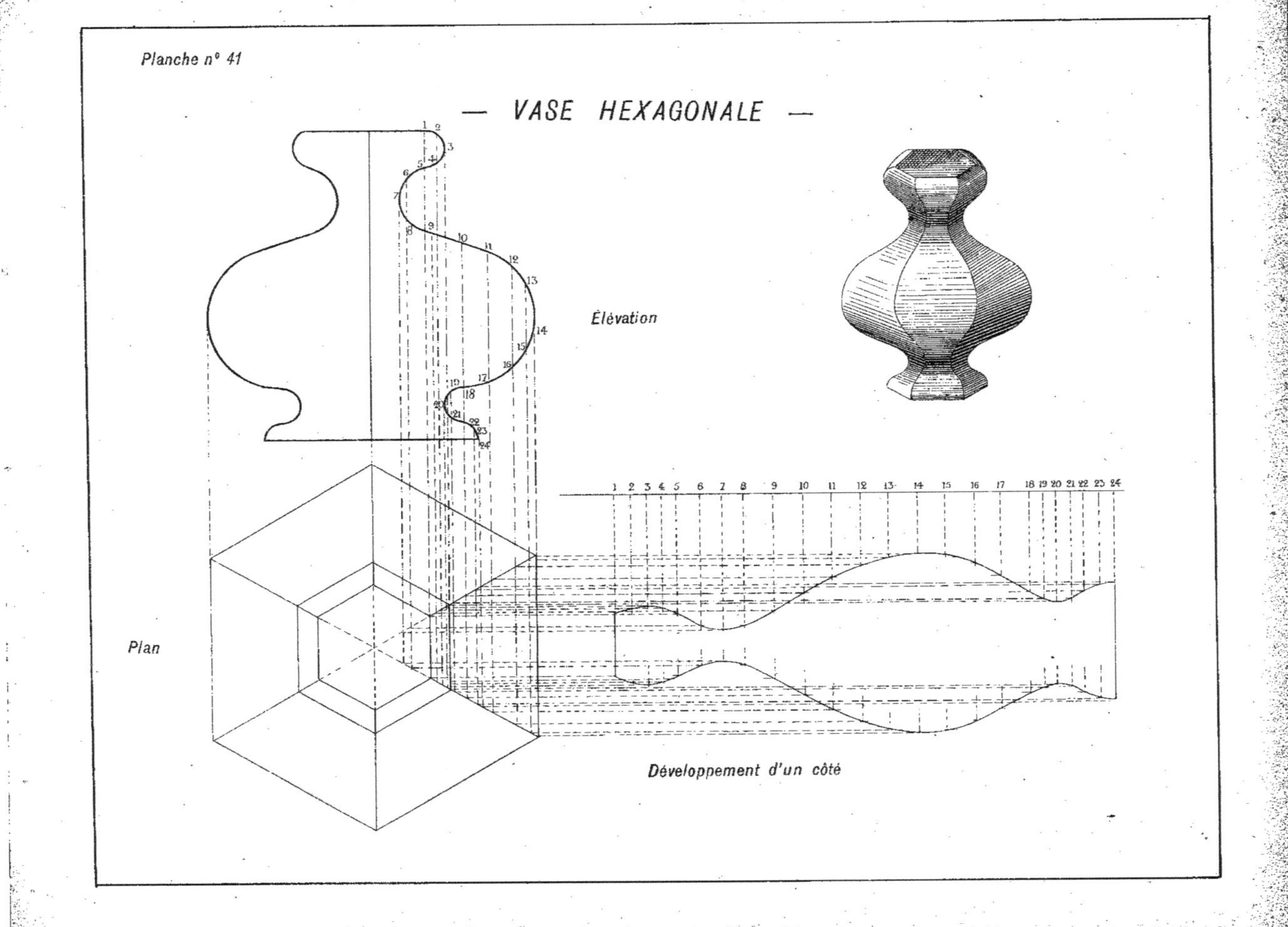

# VASE HEPTAGONAL

Ce vase est donné comme exemple d'objet de forme polygonale soit de cinq, six, sept, huit, neuf, etc., le nombre de pans, le procédé est toujours le même, en ayant soin, comme il a déjà été dit précédemment de mettre un côté du plan perpendiculaire à l'élévation de l'objet pour en obtenir exactement le profil sur le milieu du côté qui est le seul valable pour avoir la longueur du côté à développer.

Dessinez d'abord votre plan, puis parallèlement au côté *ab* élevez les points correspondants et tracez votre élévation. Ensuite le procédé est exactement le même comme il a déjà été expliqué pour les planches précédentes et qu'il est très facile de le reconnaître d'après les figures de cette planche. Pour éviter la trop grande confusion de ligne nous avons partagé le développement total d'un pan en deux parties, le plus grand représente la partie supérieure, et le plus petit la partie inférieure; la manière de faire est la même soit pour l'un ou l'autre de ces développements.

# — VASE HEPTAGONAL —

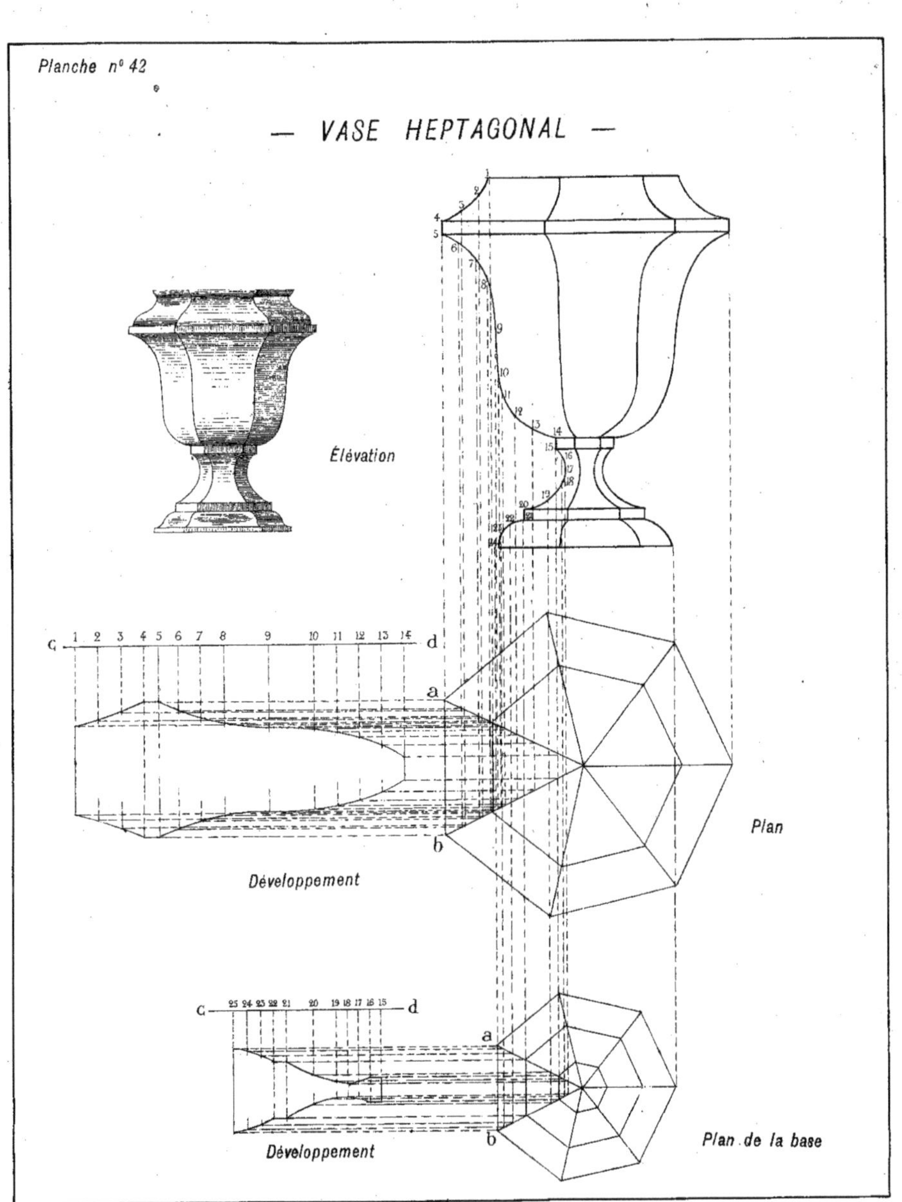

# CUVETTE OCTOGONALE SECTIONNÉE
# A 5 PANS

Dette cuvette est donnée seulement comme exemple, le profil est toujours variable et le nombre de pans peut changer; le procédé sera toujours le même pour le développement d'un pan.

Dessinez d'abord votre plan, puis élevez les points correspondants et tracez votre élévation; divisez le profil en un nombre quelconque de parties, de chacun des points de divisions abaissez des perpendiculaires à l'élévation, prolongez ces perpendiculaires parallèlement à un des côtés du plan, comme l'indique la figure, le côte *ab* comme exemple; des points d'intersection de ces lignes avec les arêtes *ac* et *bd* de ce pan, tracez des perpendiculaires au côté *ab*.

Parallèlement à ces lignes tracez la ligne *a'b'* sur laquelle vous portez chacune des divisions du profil de l'élévation, vous obtenez ainsi la longueur du développement. De chacun des points de divisions de la ligne *a'b'*, élevez des perpendiculaires à cette ligne, les points d'intersection de ces perpendiculaires avec les parallèles partant des points correspondants des arêtes *ac* et *bd* du plan, seront les points de passage du profil du développement du pan *abcd*.

Comme dans ces cuvettes, quelqu'en soit le nombre, les pans sont égaux, vous avez donc la coupe du développement de chacun des pans.

# — CUVETTE OCTOGONALE A CINQ PANS —
## sectionnée

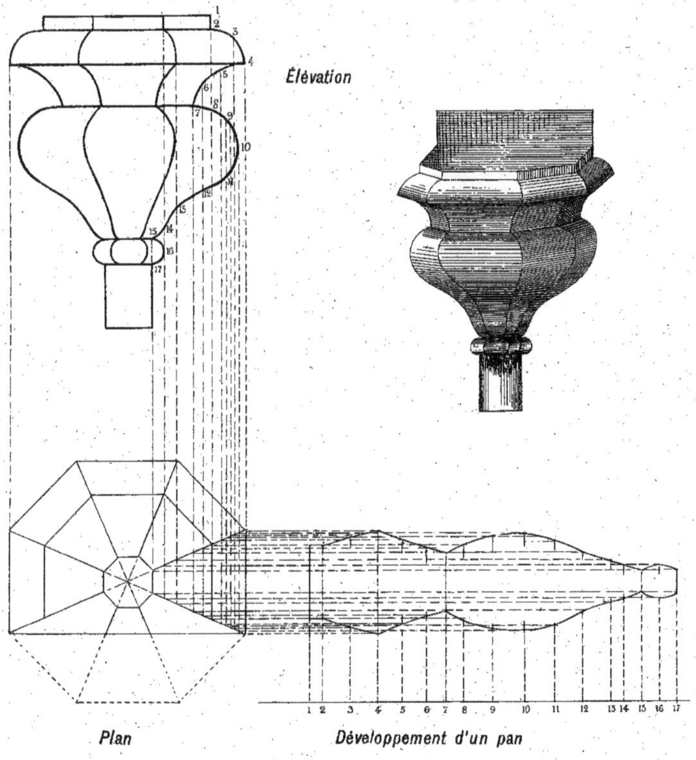

# COUVERTURE OCTOGONALE

Ce modèle est donné comme exemple de couverture polygonale, le nombre de côtés peut être quelconque, le procédé sera toujours le même, en ayant soin cependant de mettre toujours un côté du polygone que l'on a choisi perpendiculaire à la base de l'élévation pour obtenir le profil de votre modèle sur le milieu de ce côté qui est le seul exact pour avoir la longueur du développement.

Dans l'exemple donné le côté *ab* est perpendiculaire à la base de l'élévation, et comme le côté opposé *ef* lui est parallèle, les profils de l'élévation sont donc semblables étant obtenus chacun sur le milieu des côtés *ef* et *ab* nous avons donc partagé le développement d'un pan en deux parties ; le principe est toujours le même soit pour l'un ou pour l'autre des développements, On divise la partie à développer en un nombre quelconque de parties de chacun de ces points abaissons des perpendiculaires à la base de l'élévation, de chacun des points d'intersections de ces lignes avec les côtés *an*, *bn*, *en*, *fn*, de chaque pan traçons des perpendiculaires aux côtés *ab* ou *ef* sur les lignes *cd* parallèles à ces lignes, portons les divisions de la partie à développer de chacun de ces points, abaissons des perpendiculaires aux lignes *cd*, les points d'intersections de ces lignes avec les parallèles partant des points correspondants des côtés *an*, *bn*, etc., seront les points de passage des lignes donnant la forme du développement d'un pan.

# — COUVERTURE OCTOGONALE —

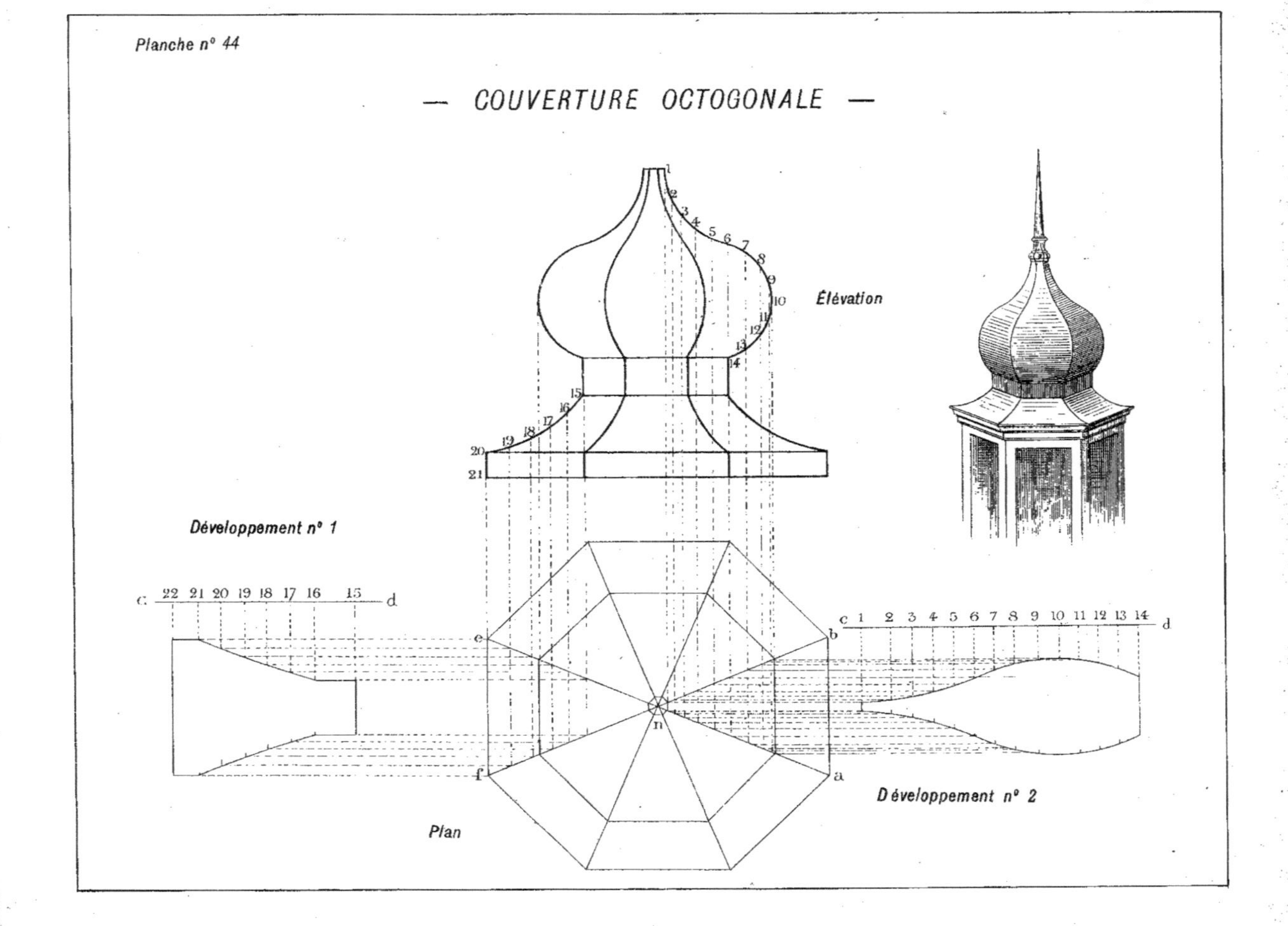

PLANCHE XLV

# VASQUE DÉCAGONALE

Modèle donné également comme exemple d'objet à un nombre quelconque de faces ou pans.

Les mêmes observations sont à faire pour cette planche comme pour la planche précédente: un côté du polygone donnant la forme de l'objet en plan perpendiculaire à la base de l'élévation, la division du profil, pris sur le milieu d'un des pans, en un nombre quelconque de parties pour avoir la longueur de la partie à développer et la manière de trouver les points d'intersections des perpendiculaires au côté du plan et de la ligne *ab* est toujours la même,

Nous avons également comme pour la planche précédente divisé le dévelop-total en deux parties pour éviter la trop grande confusion des lignes; comme il est très facile de le reconnaître d'après les dessins de la planche, le plus grand développement est la partie supérieure de la vasque, et le plus petit représente la partie inférieur ou bien le pied; les mêmes observations sont applicables pour l'un ou l'autre de ces développements.

# — VASQUE DÉCAGONALE —

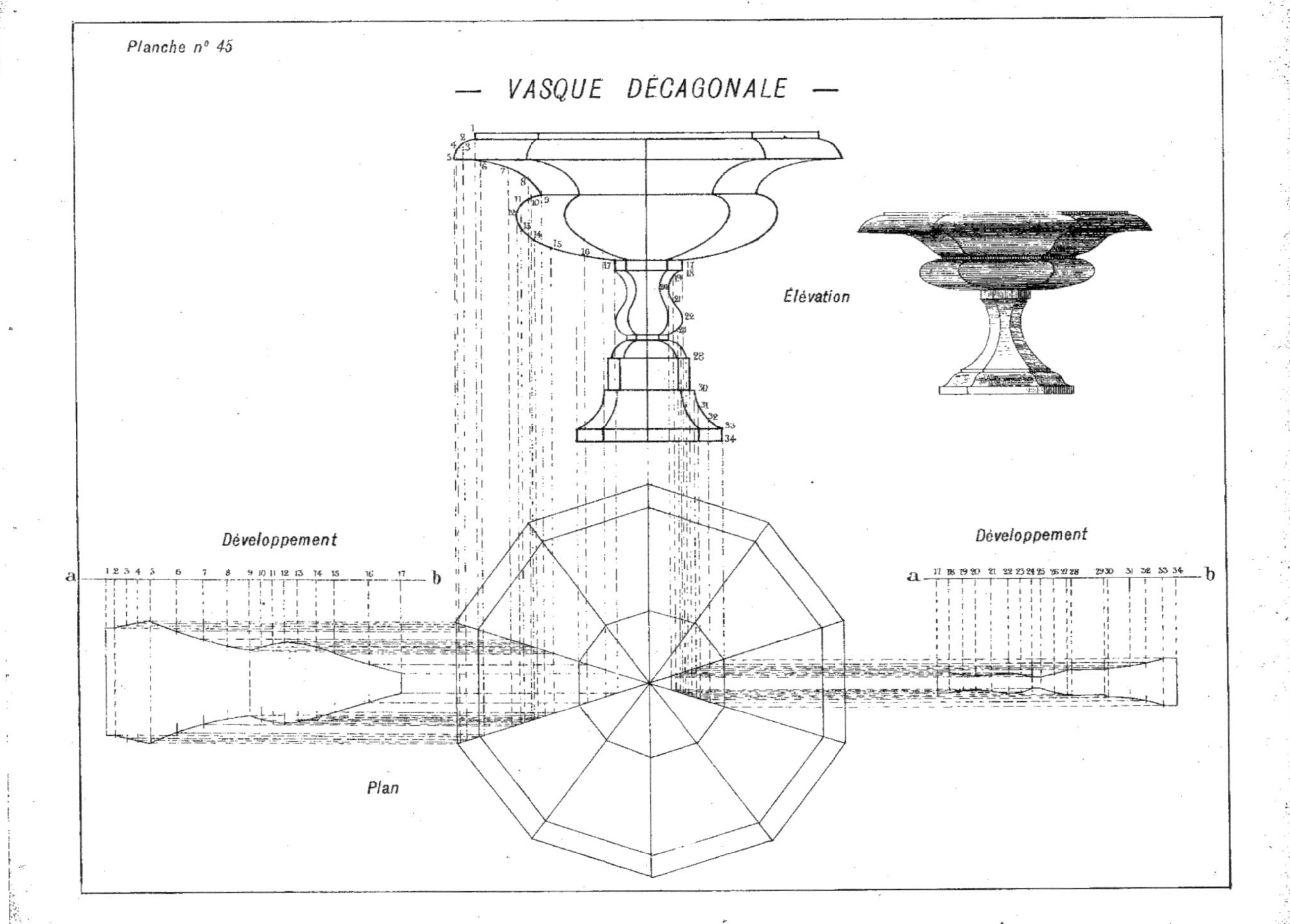

# UNE BOULE A PANS

Une boule à un nombre quelconque de pans égaux ; le développement d'un pan est donc seulement nécessaire.

Tracez d'abord votre plan avec le nombre de côtés que vous désirez avoir, élevez ensuite les points correspondants et dessinez votre élévation qui aura pour rayon la hauteur des triangles isocèles formée par les pans de la boule en plan, c'est-à-dire le rayon du cercle inscrit dans le polygone formé par les pans de la boule en plan.

Divisez le quart du cercle de l'élévation en un certain nombre de parties égales ou non, puis de chacun de ces points de divisions et perpendiculairement à l'élévation tracez des parallèles ; de chacun des points d'intersection de ces parallèles avec les côtés *oa* et *ob* du triangle dont la base *ab* est parallèle à ces lignes, tracez des parallèles qui seront dans ce cas perpendiculaires au côté *ab*, et par conséquent perpendiculaires aux parallèles partant des points de division de l'élévation.

Parallèlement aux parallèles partant des points des côtés *oa* et *ob* du plan, tracez la ligne *cd* sur laquelle vous portez successivement chacune des divisions de l'élévation que vous répétez deux fois pour avoir la longueur totale du développement d'un pan ; de chacun des points de divisions et perpendiculairement à la ligne *cd* tracez des parallèles, les points d'intersection de ces parallèles avec les parallèles partant des côtés *oa* et *ob* et des points correspondants seront les points de passage de la forme du développement d'un pan.

# — UNE BOULE A PANS —

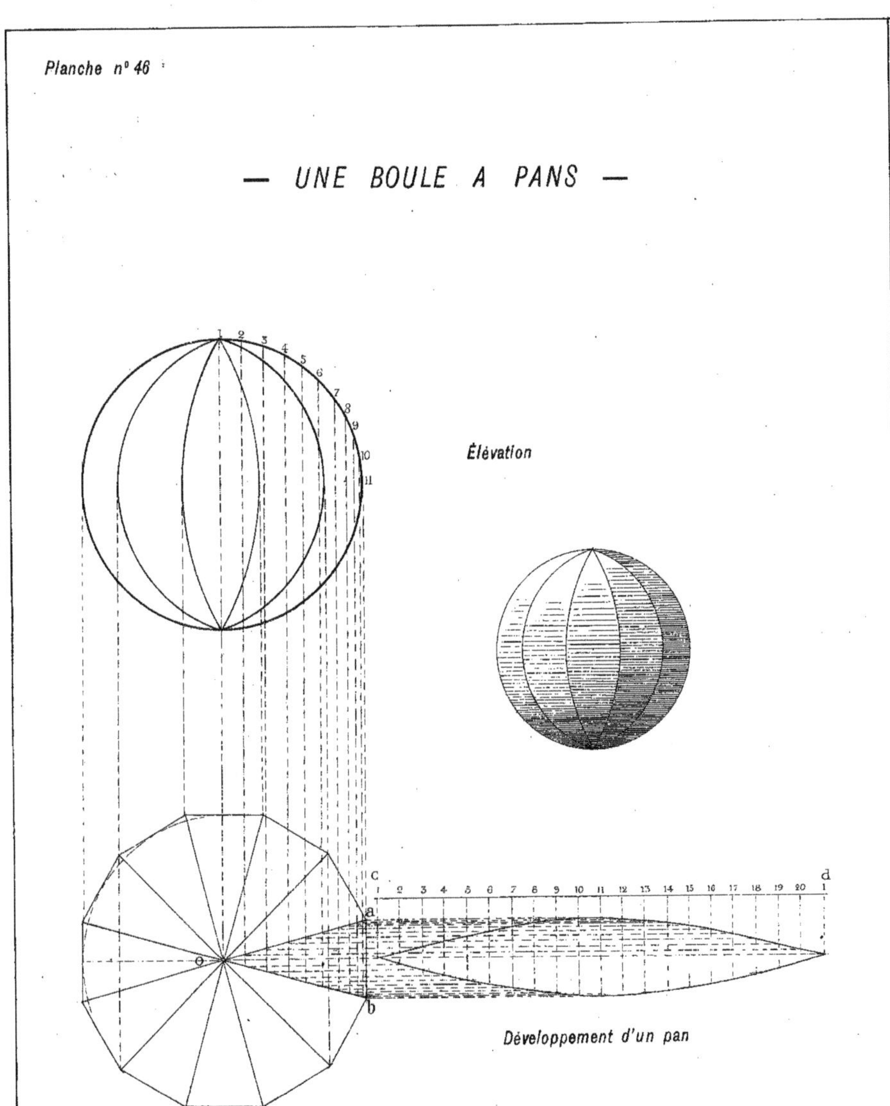

# MODÈLE FORME BALLON

Modèle d'objets à pans de forme ballon, cet objet a la forme dodécagonale et pourrait avoir la forme d'un autre polygone à un nombre quelconque de côtés égaux, le procédé serait toujours le même pour le développement d'un pan.

Dessinez d'abord votre plan, puis élevez les points correspondants et tracez votre élévation ; en ayant soin, comme il a déjà été dit précédemment de toujours mettre un côté et deux suivant les cas, du polygone, perpendiculaire à l'élévation pour obtenir le profil de l'objet sur le milieu d'un côté.

Dans le modèle donné on a partagé le profil en deux parties pour empêcher la trop grande multitude des lignes, mais soit dans l'un où l'autre des deux cas le procédé est toujours le même soit séparément ou réunis.

Divisez la partie du profil en un nombre quelconque de parties, puis de chacun des points de divisions tracez des parallèles perpendiculaires à l'élévation, de chacun des points d'intersection de ces lignes avec les arêtes *ce, de,* en plan tracez des perpendiculaires au côté *cd,* parallèlement à ces lignes, tracez la ligne *ab,* sur laquelle vous portez chacune des divisions du profil, de chacun des points de division tracez des perpendiculaires à la ligne *ab,* les points d'intersection de ces lignes avec les parallèles partant des points des arêtes *ce, de,* seront les points de passage de la ligne donnant la forme de la partie à développer.

# — MODÈLE FORME BALLON —

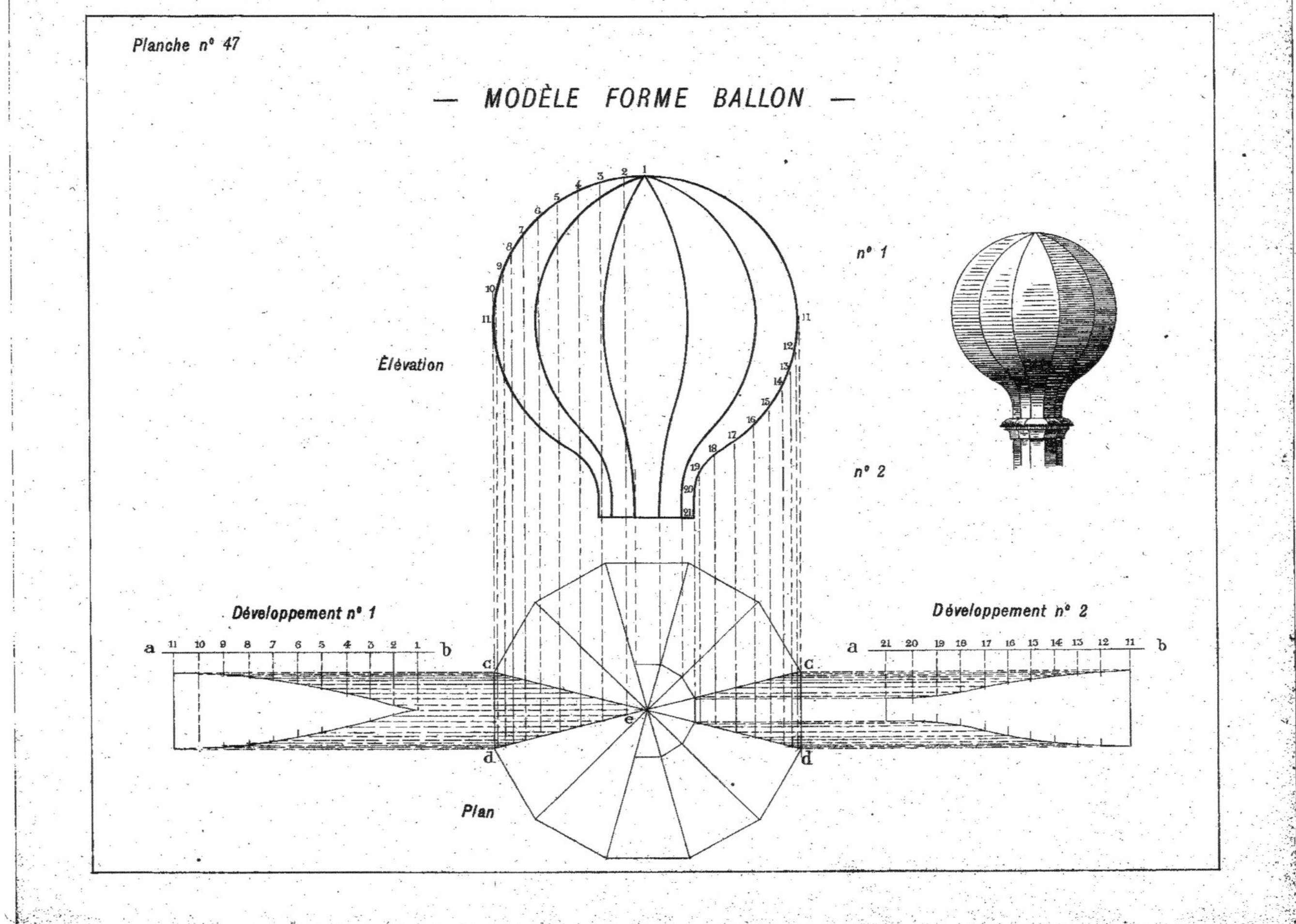

# SEAUX CIRCULAIRES & ELLIPTIQUES

Ces modèles représentent des seaux à charbon, la section oblique du bord supérieur peut être de l'inclinaison que l'on désire ; on voit par les dessins de ces figures que le procédé pour obtenir le développement du seau circulaire et du seau elliptique est absolument le même.

Divisez la moitié du périmètre du plan, soit le cercle ou l'ellipse, en un nombre quelconque de parties égales ; de chacun des points de divisions. élevez des perpendiculaires à la base de l'élévation jusqu'à leur intersection avec la ligne inclinée du bord supérieur ; de chacun de ces points d'intersection tracez des parallèles à la base de l'élévation. Parallèlement à ces parallèles tracez la ligne *ab*, portez sur cette ligne chacune des divisions du plan que vous répétez une seconde fois pour l'autre moitié et vous aurez la longueur du développement; de chacun des points de division de cette ligne abaissez des perpendiculaires à la base de l'élévation. Les points d'intersection de ces perpendiculaires avec les parallèles partant des points correspondants du bord incliné de l'élévation, sont les points de passage de la ligne du développement du bord supérieur.

Faites la hauteur du développement égale à la hauteur de l'élévation que vous désirez avoir et vous aurez le développement total de votre seau.

# SEAU CIRCULAIRE

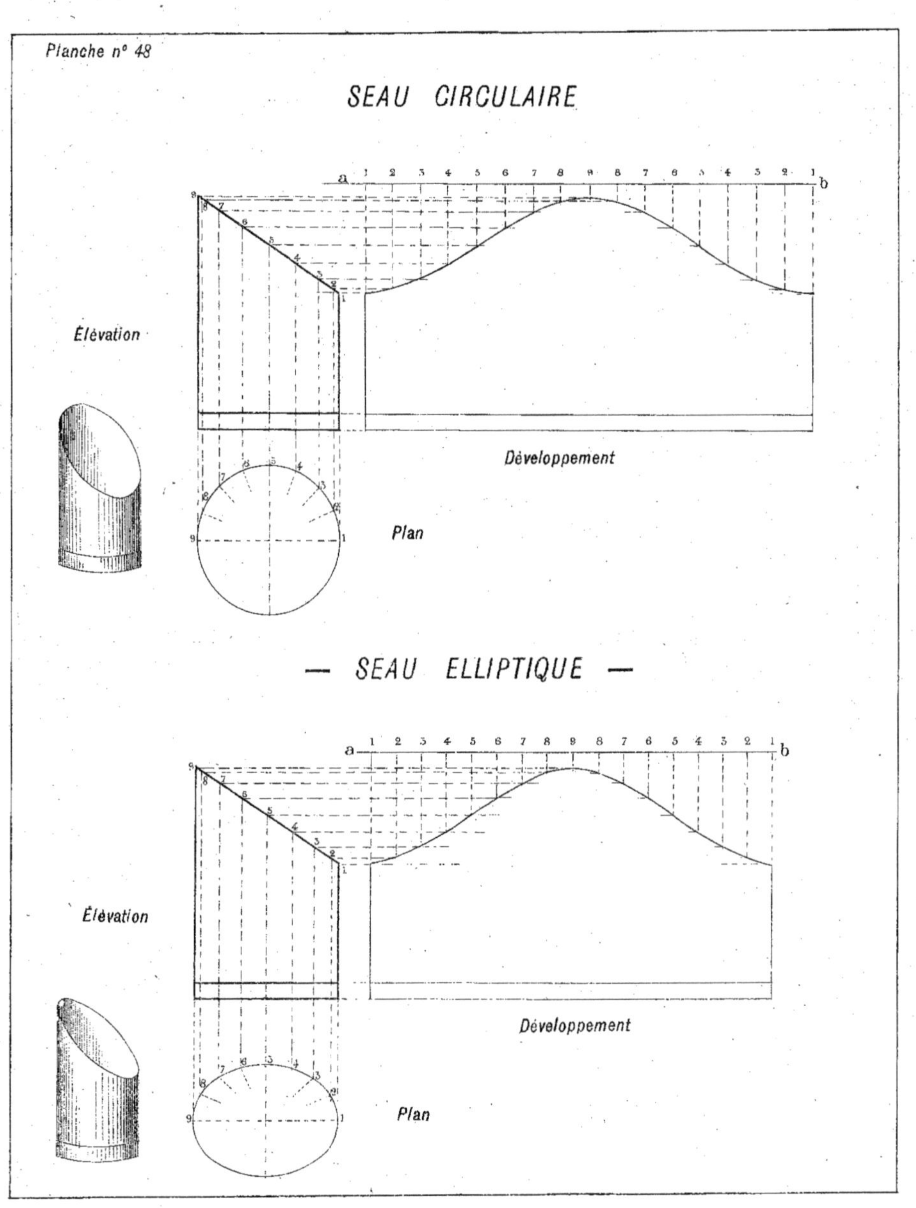


## — SEAU ELLIPTIQUE —

---

# SEAU CIRCULAIRE A BEC DE BROC

---

Cette forme de seau est seulement donnée comme exemple ; le bord supérieur en forme de bec de broc peut avoir la forme que l'on désire sans changer pour cela le procédé pour avoir le développement.

D'après les dessins de ce modèle on voit très bien que la manière de faire pour avoir le développement du bord supérieur et le développement total, est absolument la même que celle qui est expliquée pour les figures de la planche précédente, et on ne croit pas utile de renouveler ici l'explication qui serait absolument semblable.

# SEAU ELLIPTIQUE

Ce modèle de seau diffère de celui de la planche précédente en ce que, la section inclinée du bord supérieur est faite dans le sens de la partie la plus étroite, au lieu d'être dans le sens de la longueur, mais on voit très bien que le procédé pour avoir le développement est absolument le même et qu'il est inutile de renouveler ici l'explication.

# — SEAU CIRCULAIRE A BEC DE BROC —

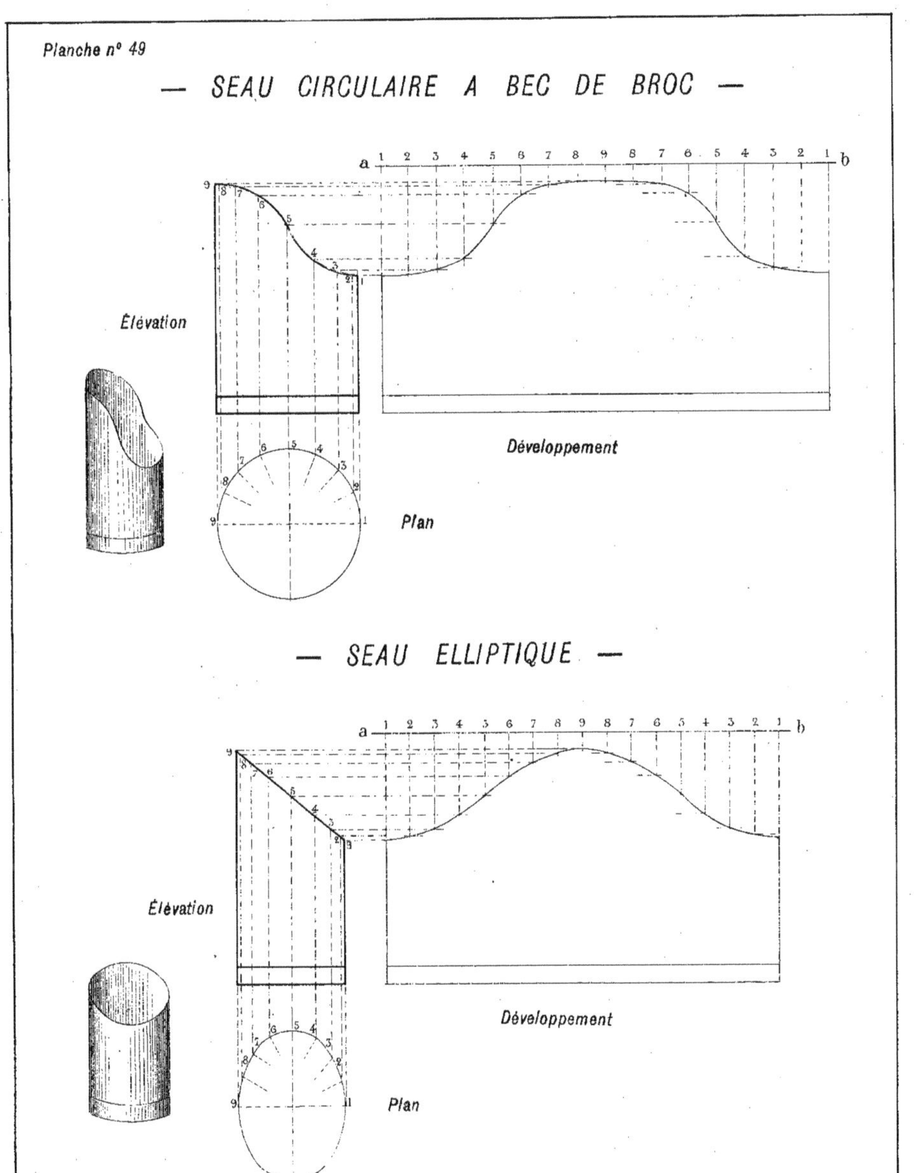


# — SEAU ELLIPTIQUE —

# BRANCHEMENT DE DEUX TUYAUX
## DE DIAMÈTRES DIFFÉRENTS & D'UN ANGLE QUELCONQUE

Pour avoir le développement du tuyau de branchement dans une direction quelconque sur un tuyau d'un diamètre plus grand, il faut d'abord avoir exactement sa jonction avec ce tuyau.

Tracez d'abord les diamètres de ces deux tuyaux sur une même ligne qui sera perpendiculaire au grand tuyau, tracez ensuite les cercles correspondants à ces diamètres en faisant correspondre le grand cercle exactement au-dessus de son tuyau correspondant; divisez le petit cercle du petit tuyau en un nombre quelconque de parties égales; de chacun de ces points de division et perpendiculairement au grand tuyau tracez des parallèles, de chacun des points d'intersection de ces parallèles avec le grand cercle tracez des parallèles au grand tuyau. Dans la même direction et correspondant au petit tuyau tracez le petit cercle que vous divisez d'un même nombre quelconque de parties que celui précédemment, et qui est le même. De chacun de ces points de division tracez des parallèles au petit tuyau, les points d'intersection de ces parallèles avec les parallèles du grand tuyau donneront exactement la forme de la jonction; de ces mêmes points d'intersection et perpendiculairement au petit tuyau tracez des parallèles, parallèlement à ces lignes tracez la ligne *ab*, sur laquelle vous portez chacune des divisions du petit cercle, vous avez ainsi le développement du petit tuyau; de chacun des points de division de la ligne *ab* et perpendiculairement à cette ligne tracez des parallèles, les points d'insersection de ces parallèles avec les parallèles perpendiculaires au petit tuyau et partant des points correspondants de la jonction des deux tuyaux, seront les points de passage de la ligne donnant exactement la coupe qui est nécessaire à la jonction de ces deux tuyaux.

# BRANCHEMENT DE DEUX TUYAUX
### de diamètres différents et d'un angle quelconque

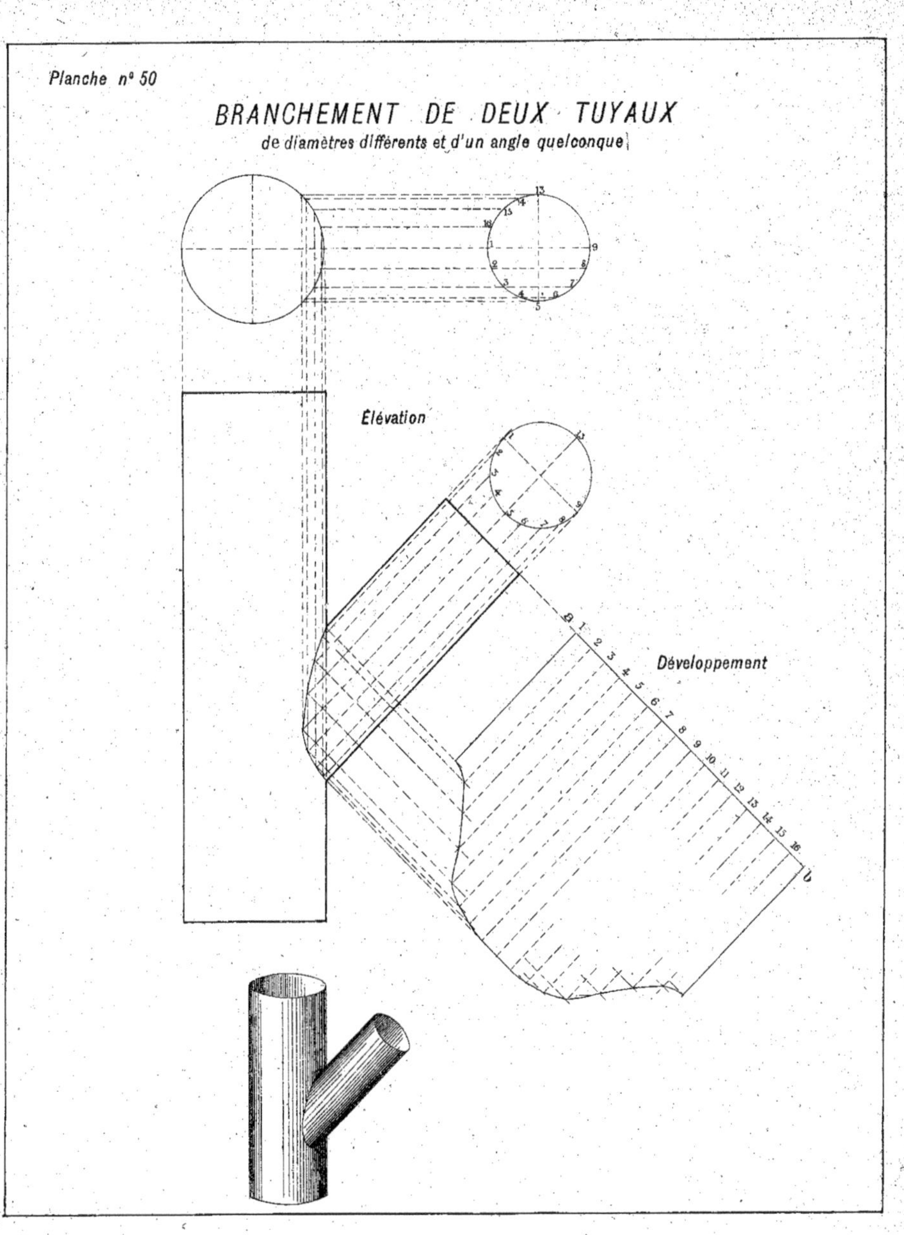

---

# BRANCHEMENT FORMANT T
## DE DEUX TUYAUX DE MÊME DIAMÈTRE

---

Correspondant à chaque extrémité des tuyaux et avec un diamètre égal à celui des tuyaux, tracez les deux arcs de cercles comme l'indique le dessin ; divisez chaque cercle en un nombre quelconque de parties égales, autant de divisions pour chaque cercle et dans les mêmes données. De chaque point de divisions de cercles tracez des parallèles à leur tuyau respectif, les points d'intersections de ces parallèles seront les points de passage pour le tracé de la jonction des deux tuyaux vus de face.

### DÉVELOPPEMENT

Poursuivez les parallèles partant du cercle du tuyau principal ; parallèlement à ces lignes tracez la ligne *ab* sur laquelle vous portez chacune des divisions d'un des deux cercles, puisqu'ils ont chacun le même diamètre, vous obtenez ainsi le développement du tuyau ; de chacun des points de la ligne *ab* et perpendiculairement à cette ligne tracez des parallèles, les points d'intersections de ces parallèles partant du cercle du tuyau principal et des points correspondants, seront les points de passage de la ligne développée pour la coupe nécessaire à la jonction des deux tuyaux.

# BRANCHEMENT FORMANT T
## de deux tuyaux de même diamètre

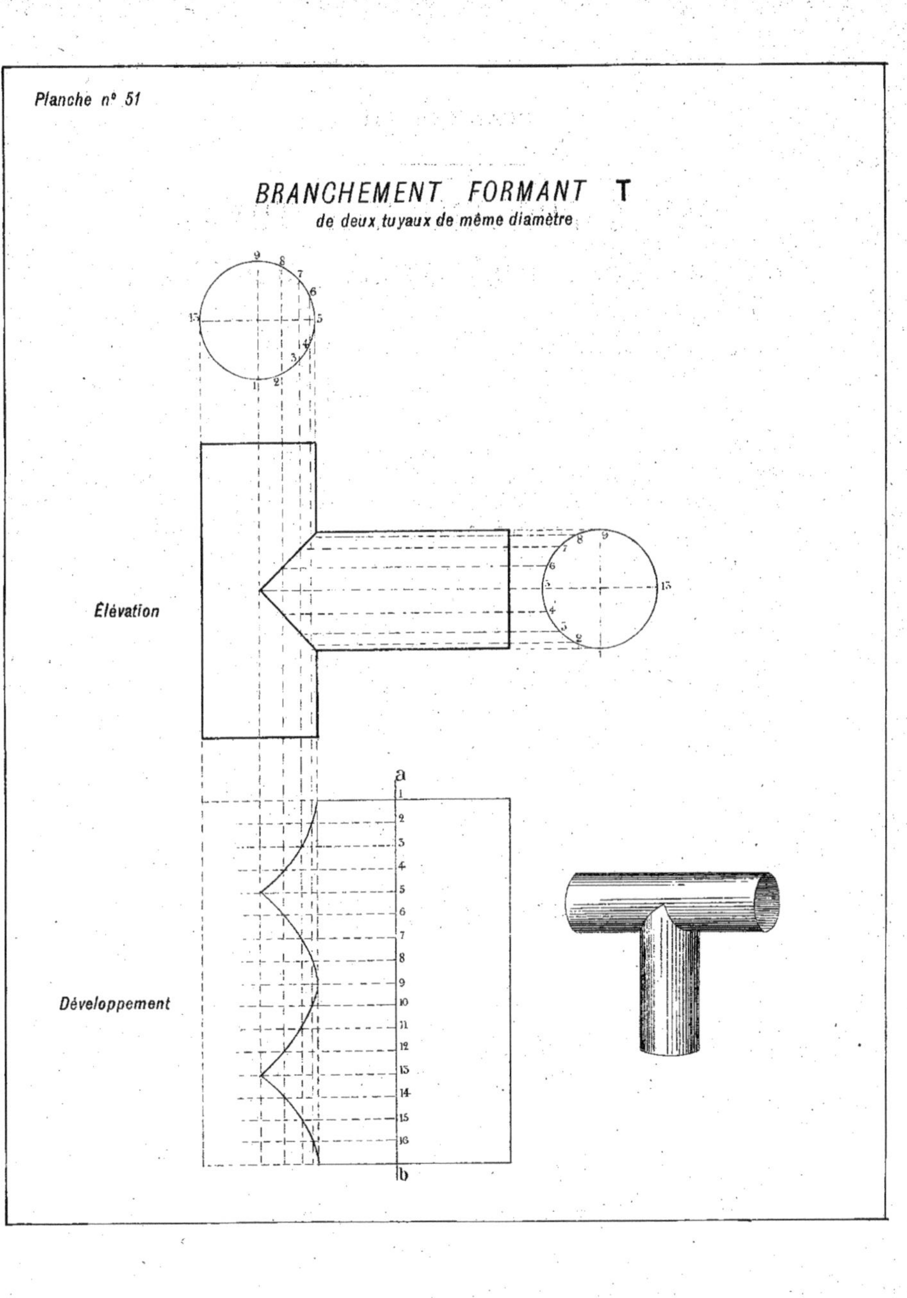

PLANCHE LII

# DÉVELOPPEMENT D'UN TUYAU
## AVEC COUPE D'UN ANGLE QUELCONQUE

Faites l'inclinaison de la ligne *cd* suivant l'angle qui vous est nécessaire, correspondant à la partie supérieure et suivant le diamètre du tuyau tracez le cercle du tuyau, divisez ce cercle en un nombre quelconque de parties égales, puis parallèlement au tuxau de chacun de ces points de division tracez des parallèles ; de chacun des points d'intersection de ces parallèles avec la ligne inclinée *cd* et perpendiculairement à ces lignes tracez des parallèles, parallèlement à ces lignes tracez la ligne *ab* sur laquelle vous portez chacune des divisions du cercle, vous avez ainsi le développement du tuyau ; de chacun des points de la ligne *ab* et perpendiculairement à cette ligne tracez des parallèles, les points d'intersections de ces parallèles avec les parallèles partant des points de la ligne inclinée *cd* et des points correspondants, seront les points de passage de la ligne développée pour la coupe nécessaire à l'angle demandé.

### MODÈLE DE COUDE

Divisez le cercle du tuyau en un nombre quelconque de parties égales, puis parallèlement à chacune des parties du coude, ramenez ces points de division sur les lignes de jonction *cd*, *ef* ; de chacun des points de ces lignes et perpendiculairement au côté *df* tracez des parallèles ; parallèlement à ces lignes tracez ligne *ab* sur laquelle vous portez chacune des divisions du cercle, vous avez ainsi le développement du tuyau ; de chacun des points de la ligne *ab* et perpendiculairement à cette ligne tracez des parallèles, les points d'intersection de ces parallèles avec les parallèles partant des points correspondants des lignes *cd* et *ef*, seront les points de passage des lignes de développement et de coupe pour le raccordement suivant les angles donnés pour la formation de ce modèle de coude.

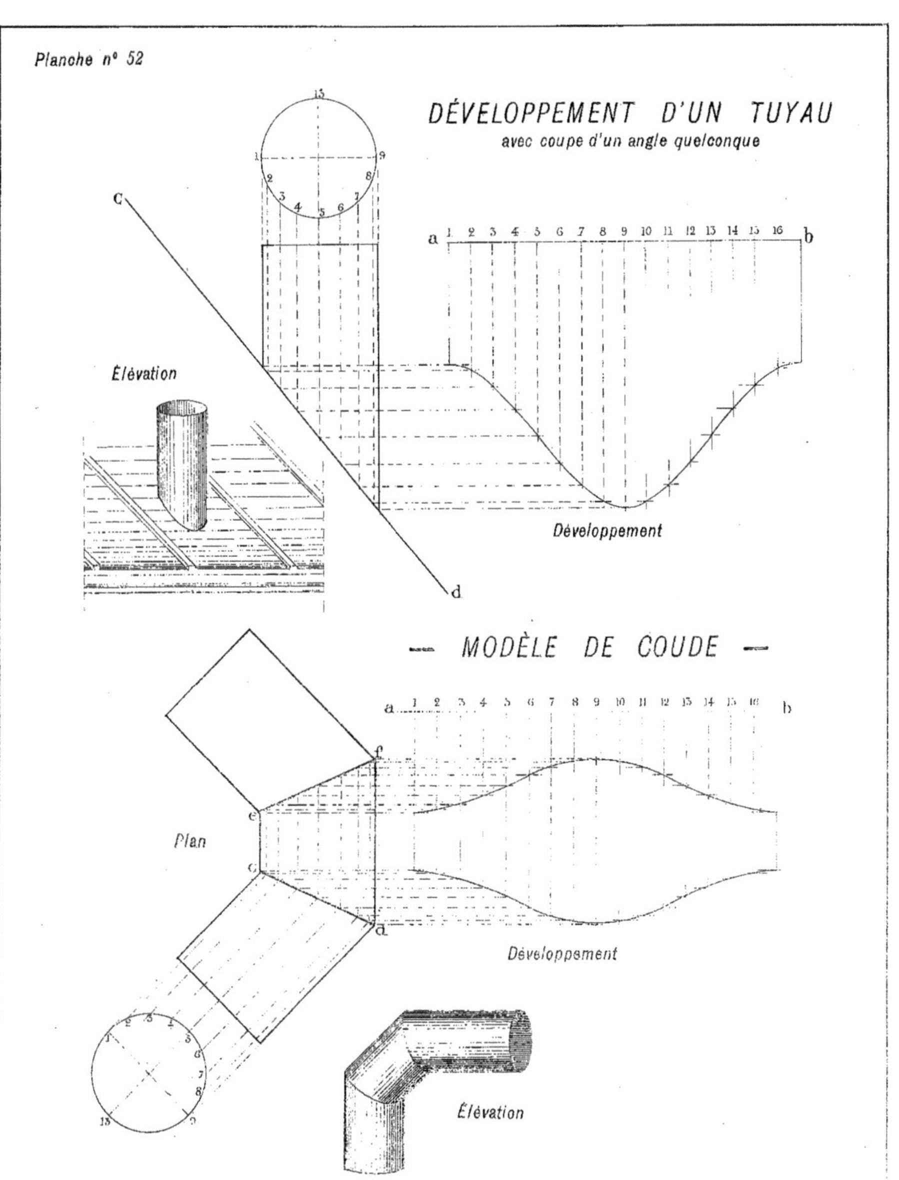


DÉVELOPPEMENT D'UN TUYAU
avec coupe d'un angle quelconque
Élévation
Développement
c
d
a
b
1 2 3 4 5 6 7 8 9 10 11 12 13 14 15 16
— MODÈLE DE COUDE —
a
b
1 2 3 4 5 6 7 8 9 10 11 12 13 14 15 16
Plan
Développement
Élévation

# MODÈLE DE COUDES EN TROIS PARTIES
## & A ANGLES DIFFÉRENTS

Développement de ces parties de coudes avec la manière d'obtenir la coupe qui est nécessaire pour avoir les angles dont on a besoin.

Correspondant à une des deux extrémités de ces coudes, tracez le cercle du diamètre de ces bouts de tuyaux, divisez ce cercle en un certain nombre de parties égales, parallèlement à chacun de ces coudes ramenez chacun des points de division sur les lignes *cd* et *ef* formant les angles. De chacun de ces points de division et perpendiculairement à chacun de ces tuyaux, tracez des parallèles ; parallèlement à ces lignes, tracez la ligne *ab* sur laquelle vous portez chacune des divisions du cercle, vous avez ainsi la longueur du développement de ces tuyaux.

De chacun des points de la ligne *ab* et perpendiculairement à cette ligne tracez des parallèles, les points d'intersection de ces parallèles partant de la ligne *ab* avec les parallèles partant des points correspondants des lignes soit *cd* ou *ef*, pour l'un ou l'autre des cas, seront les points de passage de la ligne pour la coupe nécessaire à la jonction de ces coudes suivant les angles donnés.

# MODÈLE DE COUDES EN TROIS PARTIES
### et à angles différents

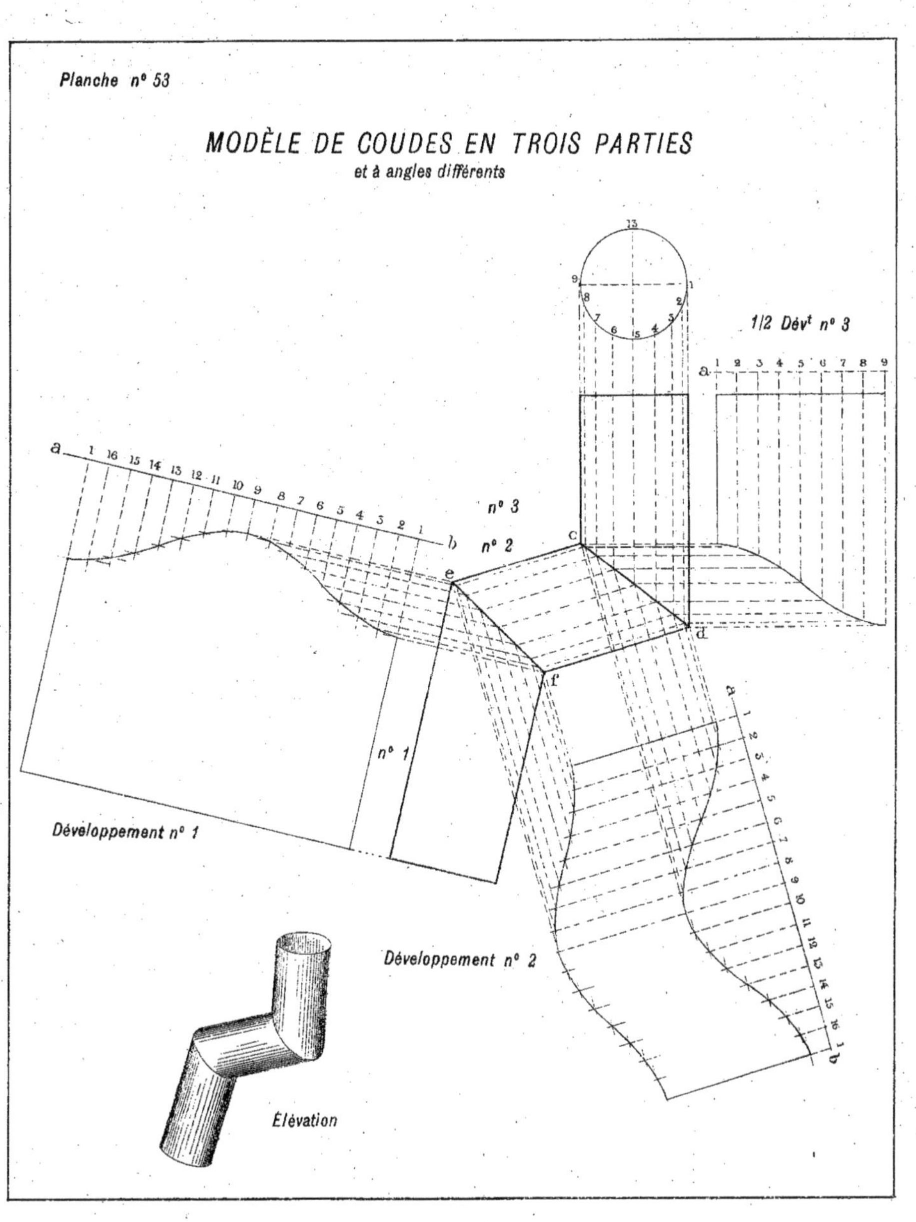

---

# DÉVELOPPEMENT DE PARTIES MOULURÉES
# AVEC LA COUPE D'UN ANGLE QUELCONQUE

---

Ces deux modèles sont donnés comme exemple pour la coupe des angles avec le développement de leurs moulures quel qu'en soit la forme, et que l'angle soit droit, obtus ou aigu le procédé sera toujours le même.

Divisez d'abord le profil de la partie moulurée en un nombre quelconque de parties, comme il a déjà été dit pour les parties courbes plus les divisions seront nombreuses plus le développement se rapprochera exactement de la forme et de la longueur qu'il doit avoir. De chaque point de division abaissez des perpendiculaires à la partie moulurée, de chacun des points d'intersection de ces lignes avec la ligne *ab* de l'angle en plan tracez des perpendiculaires à ces lignes ; parallèlement à ces lignes tracez la ligne *cd* sur laquelle vous portez chacune des divisions de votre profil, vous avez ainsi la longueur du développement. Perpendiculairement à la ligne *cd* tracez des parallèles, les points d'intersections de ces parallèles avec celles partant des points correspondants de la ligne *ab* donneront exactement la forme pour la coupe de l'angle.

Pour l'angle droit on peut simplifier l'opération comme on peut s'en rendre compte en remarquant le dessin.

Planche n° 54

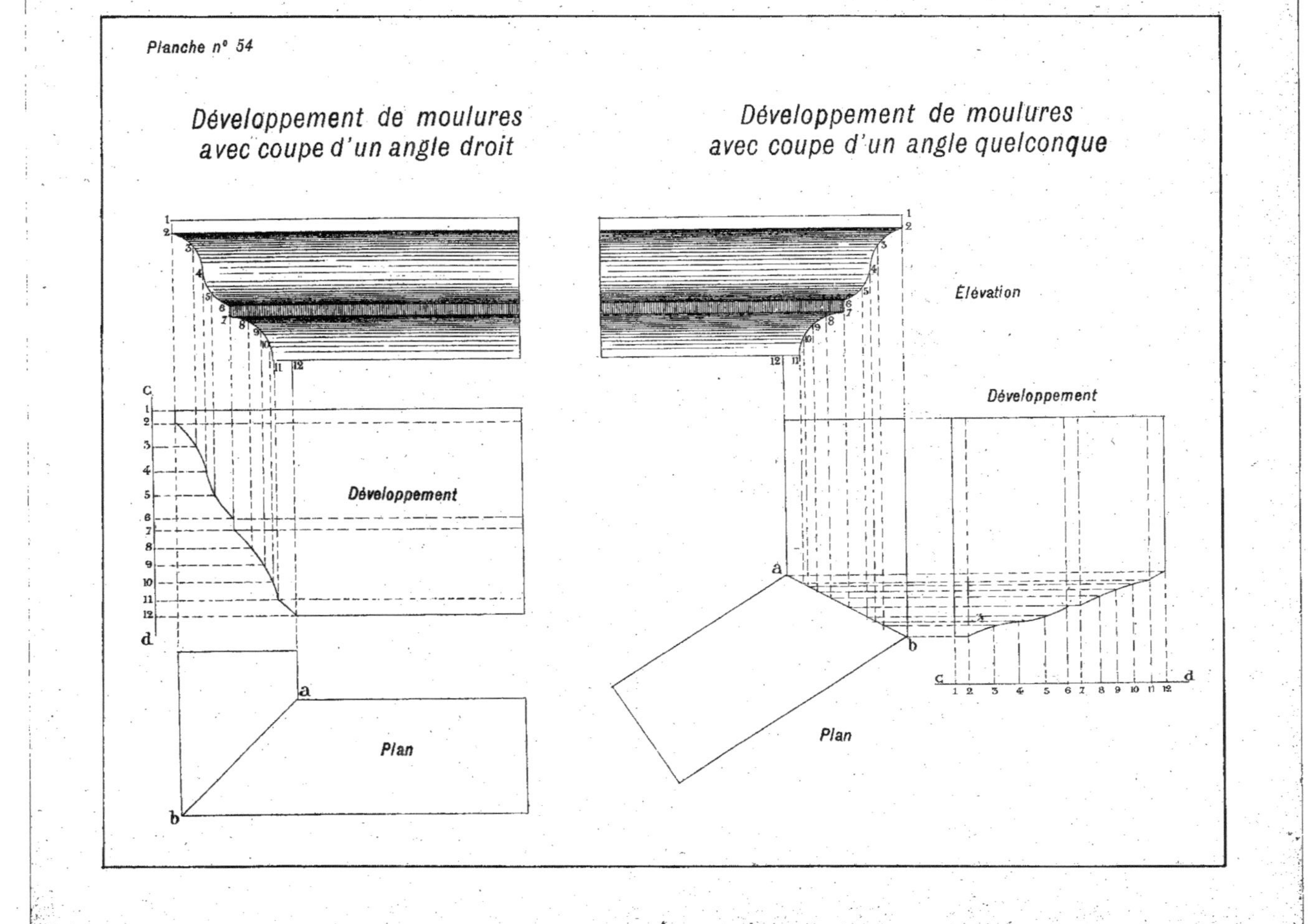
Développement de moulures
avec coupe d'un angle droit
Développement de moulures
avec coupe d'un angle quelconque
Élévation
Développement
Développement
Plan
Plan

PLANCHE LV

# GOUTTIÈRES

Modèle de développement de gouttières avec coupes de raccords d'angles droits et d'angles quelconques, on voit d'après les dessins le procédé est toujours le même que l'angle soit droit, obtus ou aigu.

Tracez d'abord l'angle en plan, puis correspondant à un côté dessinez le profil de votre objet, divisez ce profil en un nombre quelconque de parties, parallèlement au côté abaissez chacun des points de division sur la ligne *ab* de l'angle, en suite perpendiculairement au même côté tracez des parallèles, partant de chacun des points de la ligne *ab*. Parallèlement à ces lignes tracez la ligne *cd* sur laquelle vous portez chacune des divisions du profil vous obtenez ainsi la longueur du développement ; de chacun des points de division de la ligne *cd* abaissez des parallèles perpenpiculairement à cette ligne ; les points d'intersection de ces parallèles avec les parallèles partant des points correspondants de la ligne de l'angle *ab*, seront les points de passage de la ligne de développement et de coupe pour le raccord de l'angle quelconque.

# — GOUTTIÈRES —

Développement
Coupe d'un angle droit
c
1 2 3 4 5 6 7 8 9 10 11 12 13 14 d
b
a
Développement
Coupe d'un angle quelconque
c
14 13 12 11 10 9 8 7 6 5 4 3 2 1 d
b
a

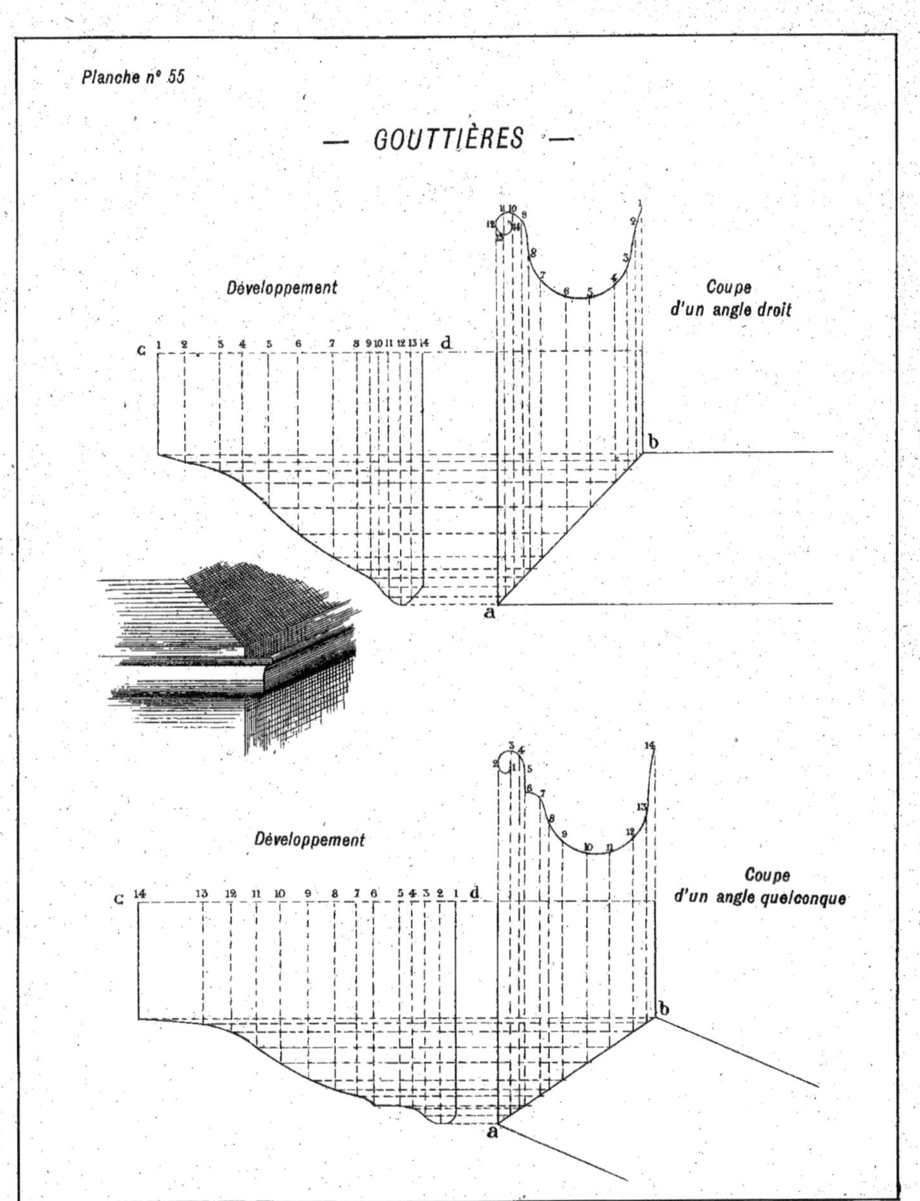

# MEMBRON

Modèle donné comme exemple pour les developpements de profils, et les coupes pour le raccord d'angles droits.

Divisez le profil de votre objet en un nombre quelconque de parties, comme il a déjà été dit précédemment, plus les divisions seront multipliées, plus la longueur du développement se rapprochera de la vérité. De chacun des points de division tracez des parallèles perpendiculairement à la base de l'élévation, paralèlement à ces parallèles tracez la ligne *ab* sur laquelle vous portez chacune des divisions du profil de l'objet vous obtenez ainsi la longueur du développement. De chacun des points de division de la ligne *ab* et perpendiculairement à cette ligne, tracez des parallèles partant de chacun de ces points, les intersections de ces lignes avec les lignes partant des points correspondants du profil seront les points de passage de la ligne du développement et de coupe pour le raccord d'un angle droit. La ligne de développement sur le profil lui-même et faisant correspondre les divisions de l'angle aux divisions du profil.

Planche n° 58
MEMBRON
Coupe d'un angle droit
Plan
Élévation
Développement
a
b


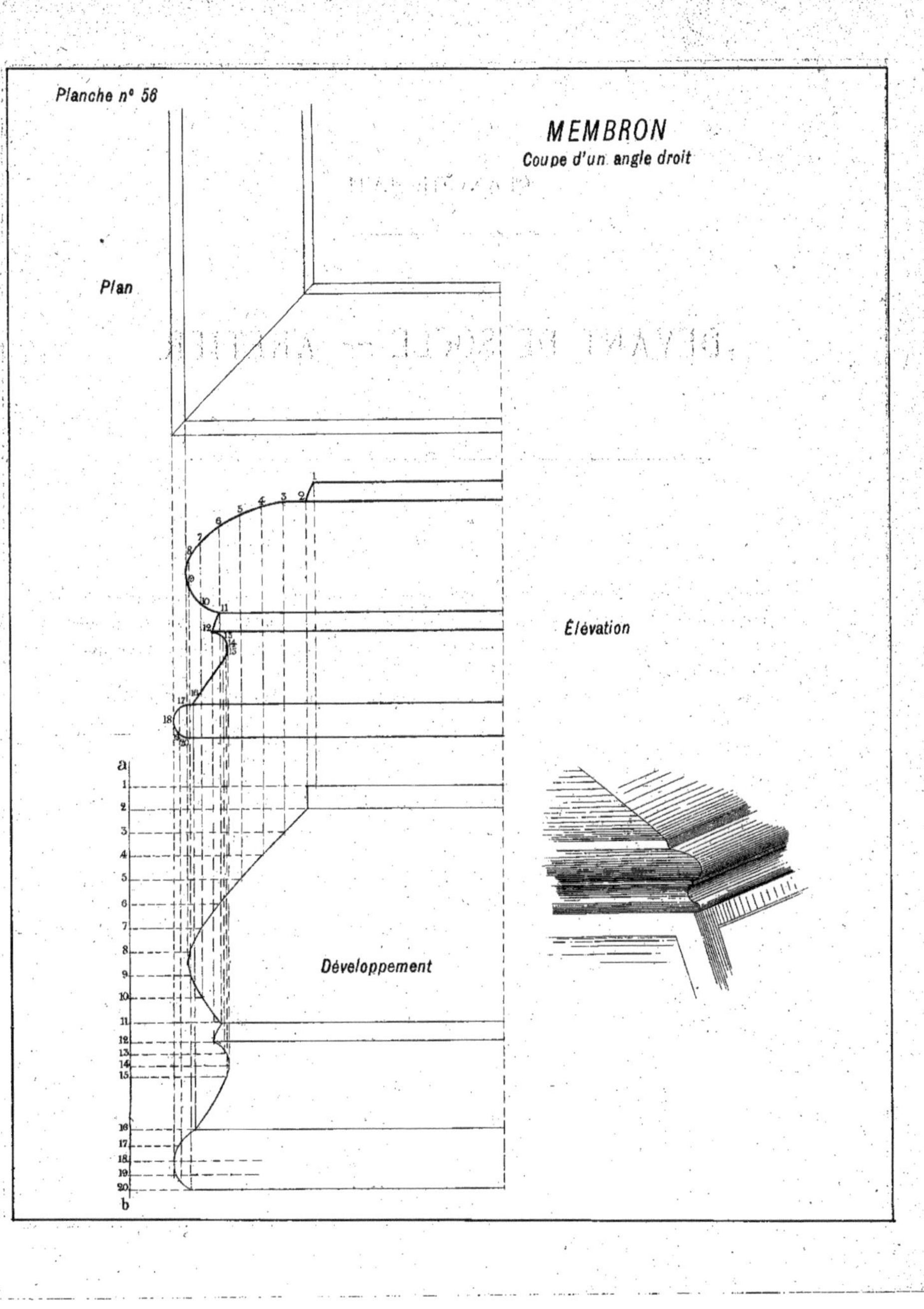

# DEVANT DE SOCLE — ARÊTIER

Modèles de développements de profils avec développement de la ligne pour la coupe d'un angle droit. On voit d'après les figures données que le procédé est absolument le même pour l'un ou l'autre des modèles, ou pour un profil quelconque que l'on désire avoir.

Dessinez d'abord votre plan, puis correspondant à un côté, comme l'indique le dessin, tracez votre profil; divisez ensuite le profil en un nombre quelconque de parties, abaissez chacun des points de division sur la ligne *ab* de l'angle droit. De chacun des points de la ligne *ab* et perpendiculairement au côté, tracez des parallèles. parallèlement à ces lignes tracez la ligne *cd* sur laquelle vous portez successivement chacune des divisions du profil; de chacun de ces points et perpendiculairement à cette ligne tracez des parallèles.

Les points d'intersection de ces parallèles partant des points de la ligne *cd* avec les parallèles partant des points correspondants de la ligne *ab* de l'angle droit seront les points de passage de la ligne de développement pour la coupe de l'angle droit.

Dans la figure du développement de socle, pour avoir le développement n° 2, faites les distances, entre les deux lignes de coupe des angles droits, égales à la longueur *ae* de ce côté. Vous obtenez aussi ainsi la ligne de coupe de l'angle *ef* du développement n° 3.

# DEVANT DE SOCLE

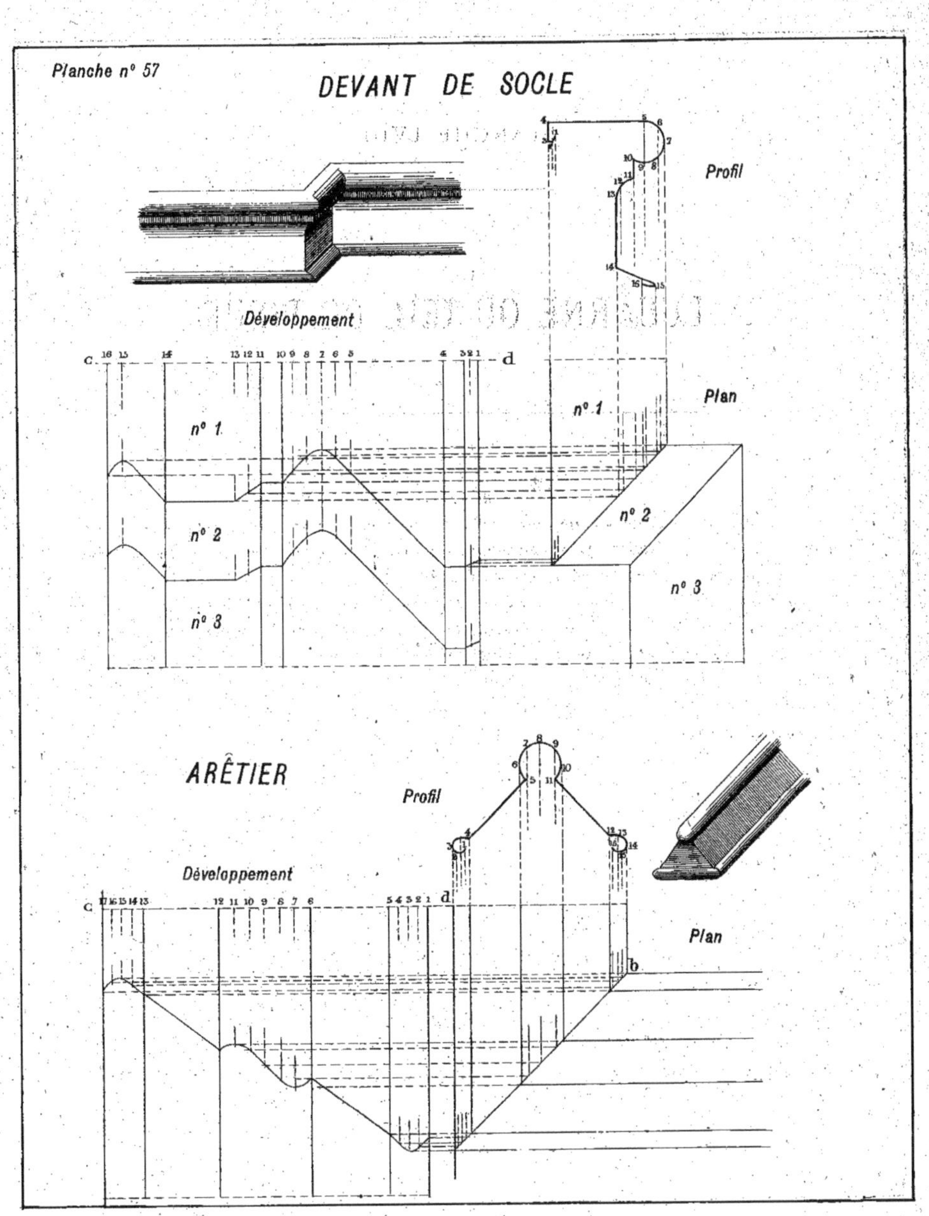

# LUCARNE OU ŒIL DE BŒUF

Modèle de lucarne ou œil de bœut donné pour obtenir le développement du contour des côtés et de la partie circulaire du dessus, avec la coupe nécessaire suivant l'inclinaison du toit sur lequel il est appliqué.

Tracez d'abord la figure de face de votre modèle, puis correspondant à cette face, comme l'indique la disposition du dessin, dessinez le côté, en donnant à la ligne ab, qui représente le rampant du toit, l'inclinaison que vous désirez avoir. Divisez la moitié de la face qui indique le profil du côté en un certain nombre de parties, ramenez parallèlement à la base chacun de ces points de division sur la ligne inclinée ab, de chacun des points de la ligne ab, et de chacun des points d'intersection des parallèles avec le profil de face, et perpendiculairement à la base tracez des parallèles; parallèlement à ces lignes tracez la ligne cd sur laquelle vous portez chacune des divisions successives de la face, vous obtenez ainsi la longueur de la moitié du développement du profil de côté.

De chacun des points de division de la ligne cd, et perpendiculairement à cette ligne, tracez des parallèles; les points d'intersection de ces parallèles avec les parallèles partant des points correspondants de la ligne ab et du profil de face de la figure du côté, seront les points de passage de la figure du développement: 1º de la ligne de coupe suivant l'inclinaison de la ligne ab; 2º de la ligne de coupe suivant le profil de face.

De la figure de face, des points de division du profil de la partie droite se raccordant au fronton circulaire, tracez des parallèles perpendiculairement à la base, les points d'intersection de ces parallèles avec les parallèles partant des points correspondant de la ligne cd donneront le développement de cette partie.

# LUCARNE OU ŒIL DE BŒUF

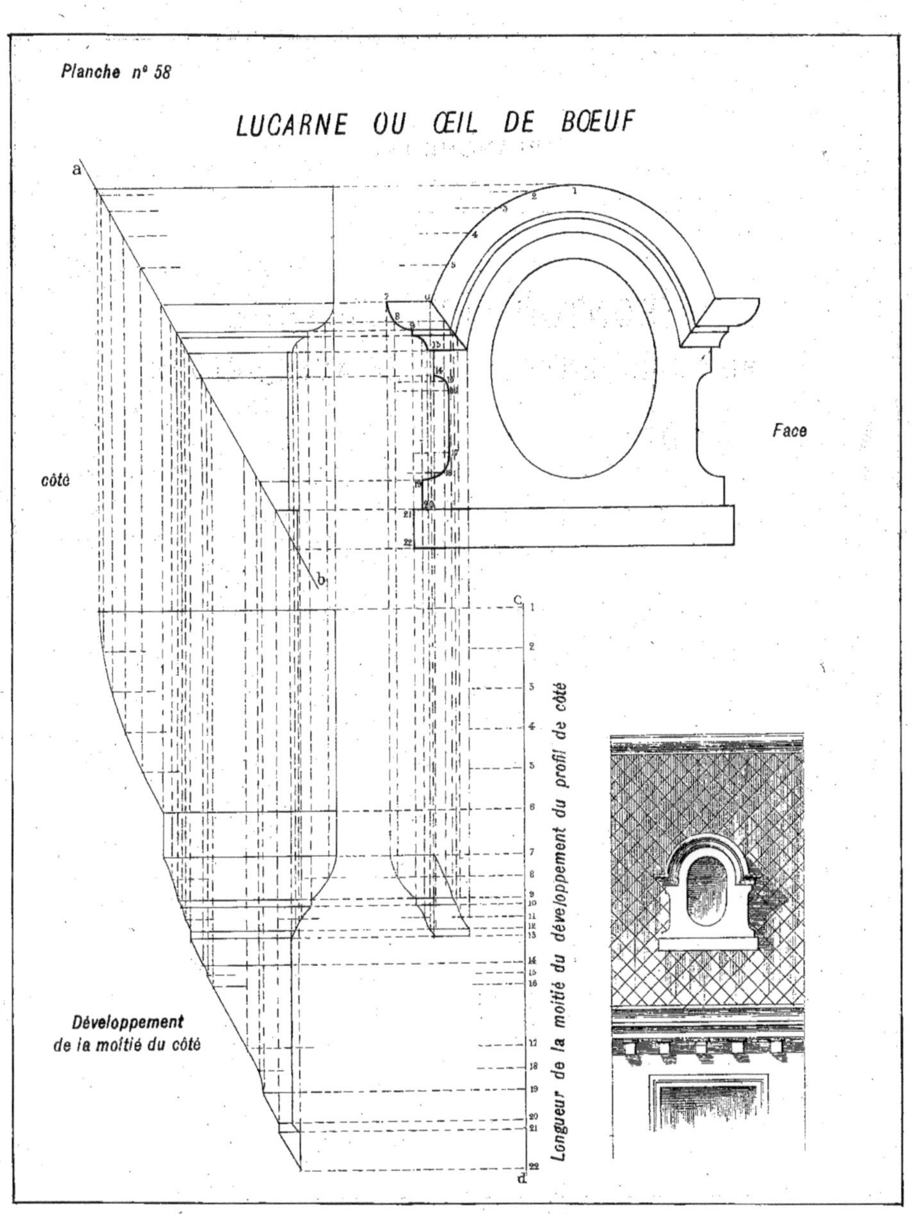

# FRONTON DE LUCARNE
## MOULURE CINTRÉE BRISÉE AVEC RETOUR

Ce modèle est donné comme exemple de développement de moulure avec la coupe d'un angle quelconque

On voit très bien que jusqu'alors le principe est toujours à peu près le même pour ce genre de développement, il s'agit toujours de diviser le profil que l'on a choisi en un certain nombre de parties et plus ces divisions seront multipliées plus le développement se rapprochera de sa longueur réelle.

Divisez d'abord votre profil comme il est dit plus haut, puis de chacun des points de division tracez des parallèles à chacun des côtés à développer, de chacun des points d'intersection de ces parallèles avec les angles et des points de division du profil, tracez des perpendiculaires à ces côtés ; parallèlement à ces lignes tracez la ligne *ab* sur laquelle vous portez chacune des divisions du profil.

De chacun des points de division de la ligne *ab* et perpendiculairement à cette ligne tracez des parallèles, les points d'intersection de ces lignes avec les parallèles partant des points correspondants du profil donneront la forme du côté développé avec la coupe nécessaire pour le raccordement des angles.

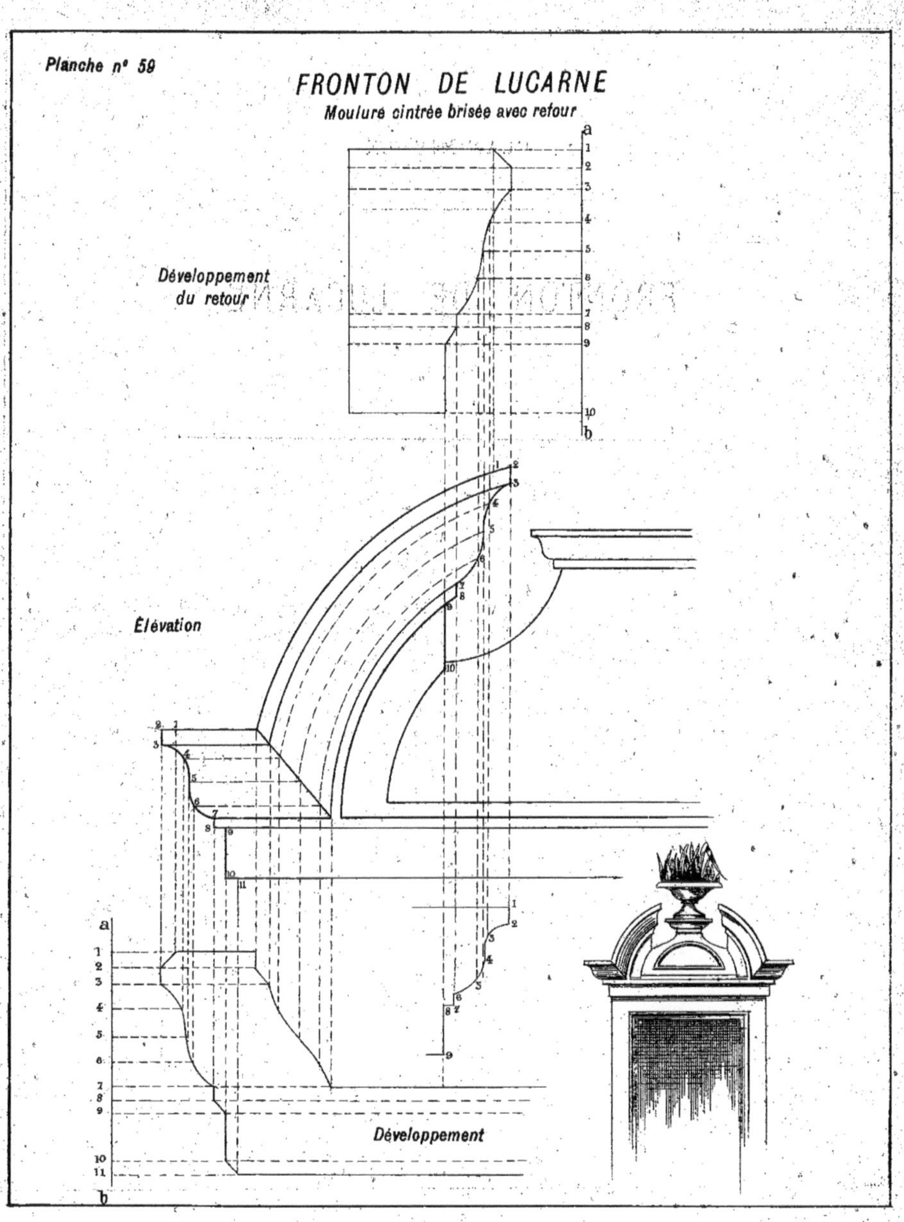

Planche n° 59
FRONTON DE LUCARNE
Moulure cintrée brisée avec retour
Développement
du retour
Élévation
Développement

PLANCHE LX

# FRONTON DE LUCARNE

Fronton de lucarne donné comme exemple pour le développement de parties droites moulurées avec la coupe nécessaire pour le raccordement de différents angles. Dans ce modèle pour avoir la coupe exacte en développement, de l'angle formé par la partie incliné du fronton avec la partie droite du côté, il faut avoir la forme exacte de cet angle en élévation. Tracez d'abord sur la partie inclinée du tronton le profil des moulures adoptées, divisez ce profil en un nombre quelconque de parties, puis de chacun des points de division tracez des parallèles à cette partie. Ensuite en plan reportez ce même profil, tel que l'indique le dessin, des mêmes points de division, élevez des perpendiculaires à l'élévation, les points d'intersection de ces lignes donneront la forme exacte de cet angle.

Pour le développement de ces deux parties, on voit très bien que la manière de faire est la même que celle expliquée pour les planches précédentes; la division du profil portée sur la ligne *ab*, ensuite les points d'intersection des parallèles donnant la forme de la portion développée avec la coupe pour le raccordement des angles.

# FRONTON DE LUCARNE

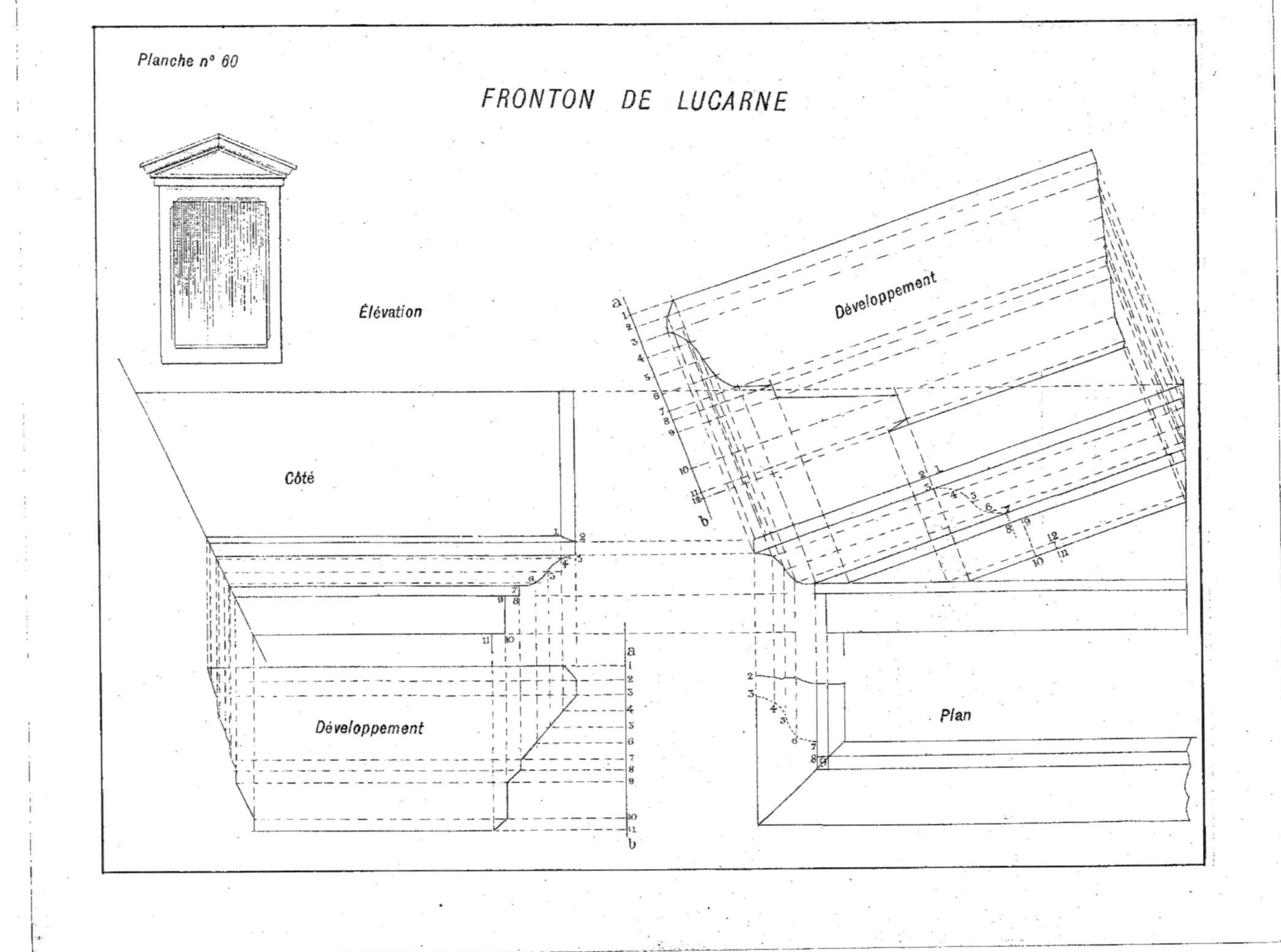

---

# FRONTON DE LUCARNE
## MOULURÉ DE LA FORME DE MÉDAILLON

---

Fronton de lucarne donné comme exemple de développement de profils avec la coupe nécessaire pour la jonction d'un angle quelconque, le profil et la forme du fronton peuvent être d'un contour quelconque le principe pour avoir le développement et la coupe des angles des parties droites sera toujours le même.

Procédé pour trouver le développement d'une des parties droites de ce fronton avec la coupe de ses angles: Divisez le profil en un certain nombre de parties, de chacun de ces points de division abaissez ou élevez des perpendiculaires à cette partie; parallèlement à ces perpendiculaires tracez la ligne *ab* sur laquelle vous portez chacune des divisions du profil, de chacun des points de la ligne *ab* tracez des perpendiculaires à cette lgne, les points d'intersection de ces perpendiculaires donneront forme la exacte de la partie développée.

De plus amples explications seraient inutiles, un simple coup d'œil sur le dessin vous fait voir nettement ce qu'il y a à faire pour trouver les développements des parties droites avec la coupe de leurs angles.

*Planche n° 61*

# FRONTON DE LUCARNE

*Moulurée de la forme médaillon*

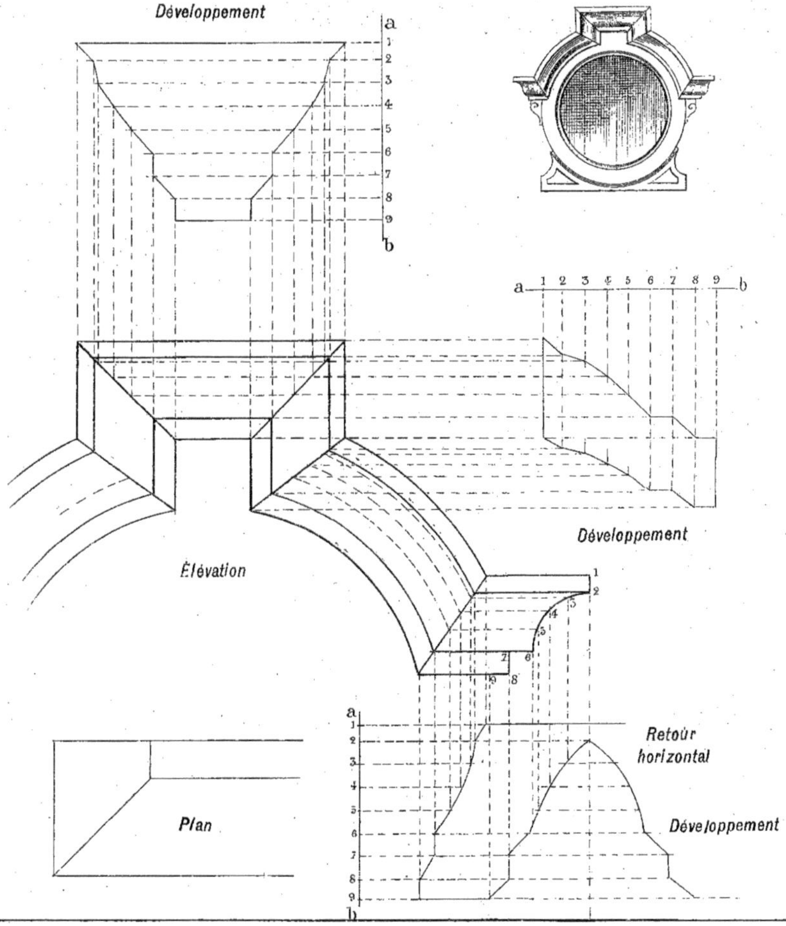
Développement
a
1
2
3
4
5
6
7
8
9
b
Développement
Élévation
Plan
Retour horizontal
Développement

# UN PINACLE

### Développement de la Moulure formant Pignon sur ce Pinacle

Il faut d'abord avoir exactement la forme du profil de la moulure aux angles des quatre faces dont les pignons se joignent. Sur l'élévation et en plan tracez exactement le profil correspondant à la moulure, puis divisez chaque profil en un nombre égal de parties; perpendiculairement à chacun des profils, tracez des parallèles; les points d'intersection donneront les profils de l'angle obtenu par la rencontre des pignons.

### Développement total de la moitié de la Moulure formant Pignon

Perpendiculairement à l'inclinaison de la moulure, tracez la ligne *ab* sur laquelle vous portez chacune des divisions du profil; de chacun de ces points et perpendiculairement à la ligne *ab* tracez des parallèles; de chacun des points d'intersections des perpendiculaires au profil avec les angles du pignon, tracez des parallèles à la ligne *ab*; les points d'intersections de ces lignes avec les perpendiculaires de la ligne *ab* vous donneront exactement la forme du développement de la moitié de la moulure formant pignon. L'autre moitié étant semblable ainsi que les autres pignons des trois autres faces, avec ce développement vous obtenez toutes les parties des autres pignons.

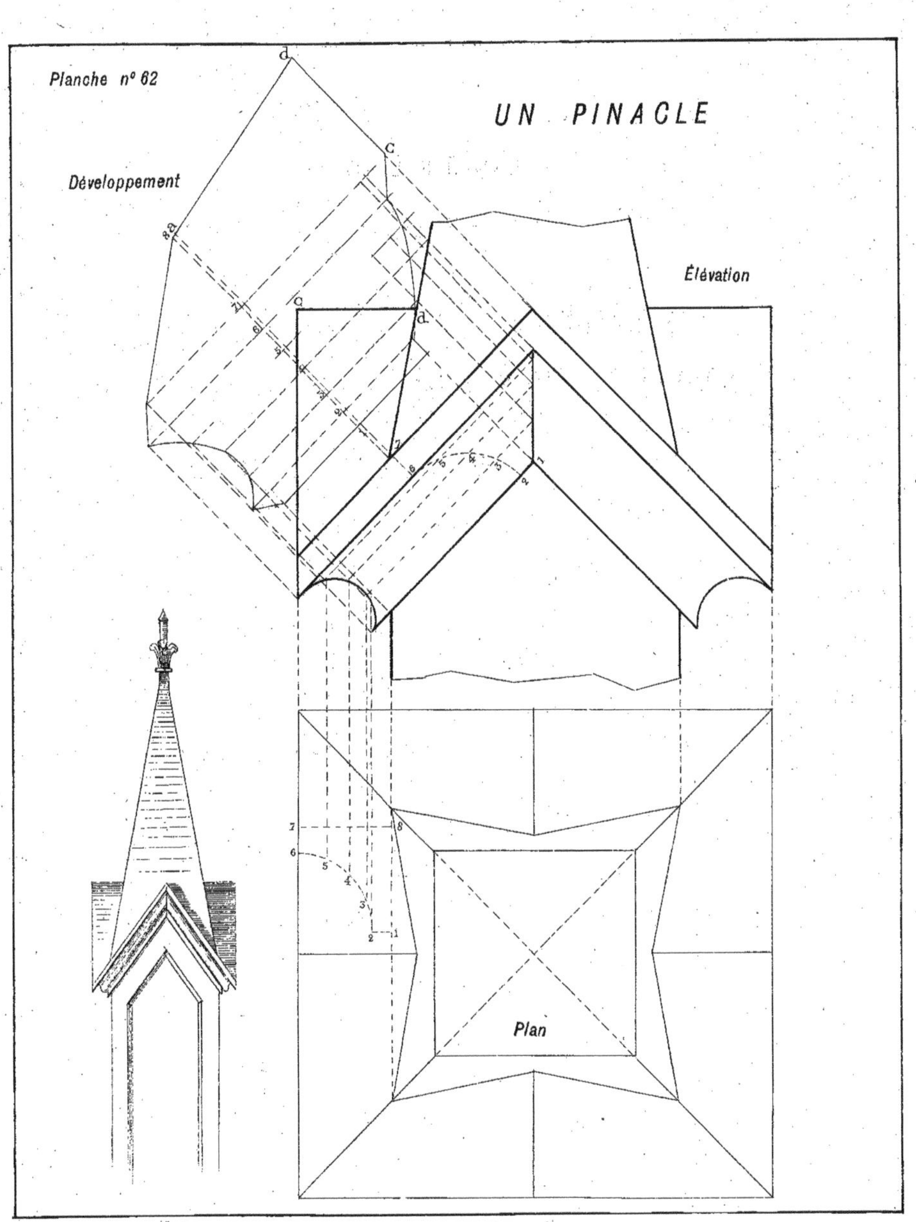

Planche n° 62
UN PINACLE
Développement
Élévation
d
c
c
d
Plan

# FRONTON DE LUCARNE
## DÉVELOPPEMENTS DE TROIS ANGLES

Fronton de lucarne donné comme exemple de développement de profils avec la coupe nécessaire pour la jonction d'un angle quelconque, le profil et la forme du fronton peuvent être différents d'un contour quelconque, le principe pour avoir le développement et la coupe des angles des partie droites sera toujours le même.

Procédé pour trouver le développement d'une des parties droites de ce fronton avec la coupe de ses angles : Divisez le profil en un certain nombre de parties de chacun de ces points de division abaissez ou élevez des perpendiculaires à cette partie; parallèlement à ces lignes tracez la ligne *ab* sur laquelle vous portez chacune des divisions du profil, de chacun des points de la ligne *ab* tracez des perpendiculaires à cette ligne les points d'intersection de ces perpendiculaires donneront la forme exacte de la partie développée.

De plus amples explications seraient inutiles, un simple coup d'œil sur le dessin vous fait voir nettement ce qu'il y a à faire pour trouver les développements des parties droites avec la coupe de leurs anglès.

# FRONTON DE LUCARNE
## Développements de trois angles

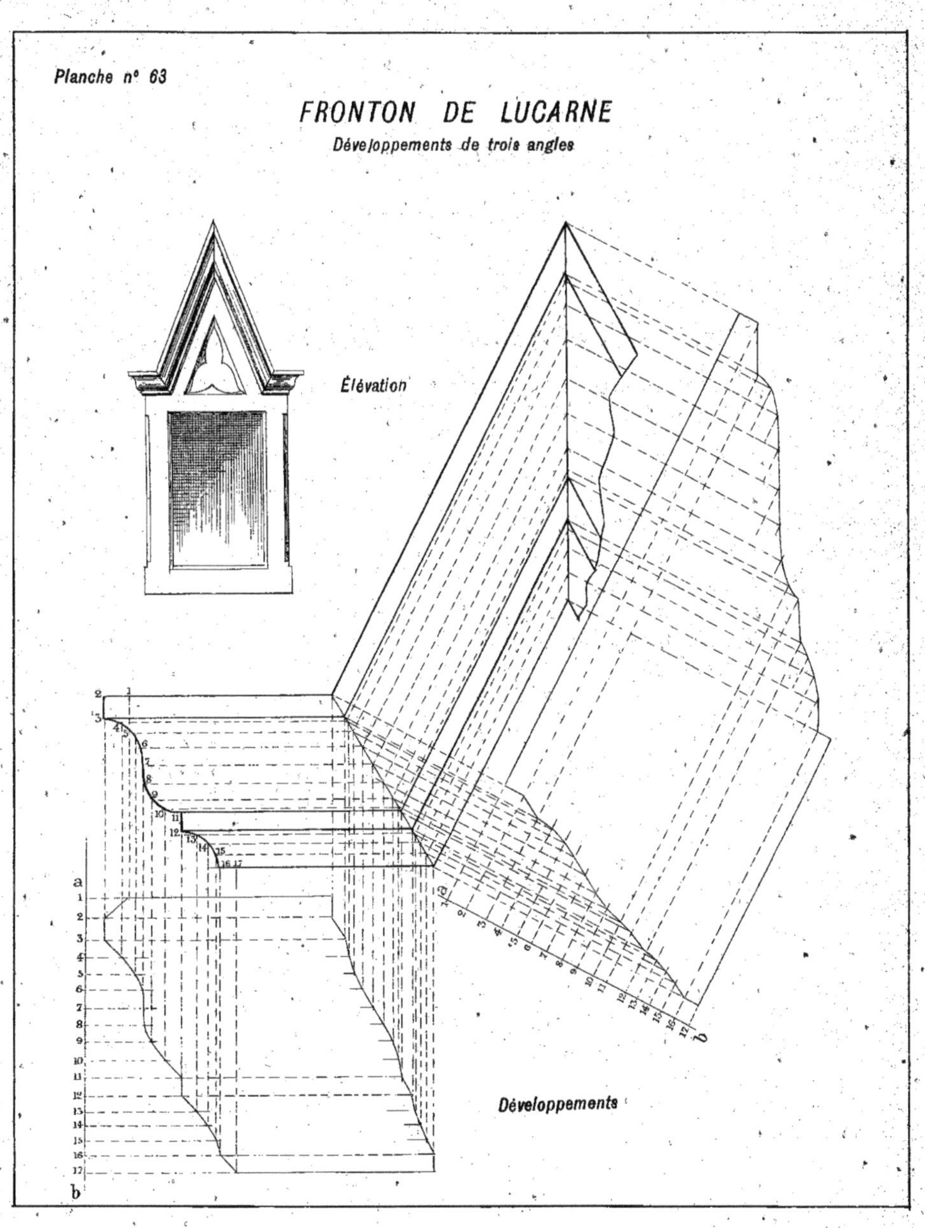

# FRONTON DE LUCARNE AVEC PÉNÉTRATION OBLIQUE
## DE LA MOULURE INCLINÉE AVEC LA PARTIE HORIZONTALE

Pour ce modèle même observation que pour la planche précédente ; mais il s'agit dans ce modèle d'avoir exactement la pénétration de la partie oblique sur le dessus incliné de la partie horizontale pour pouvoir avoir dans le développement de ce côté la coupe exacte de cette pénétration.

Divisez le profil en un certain nombre de parties, puis élevez chaque point de division sur la ligne inclinée du dessus, des mêmes points de division du même profil de la partie oblique tracez des parallèles à ce côté ; de chaque point du dessus incliné du profil de la partie horizontale tracez également des parallèles à cette partie horizontale, les points d'intersection de ces lignes donneront la forme que doit avoir la rencontre de la partie inclinée avec le dessus de la partie horizontale. Si les deux profils n'étaient pas les mêmes, le procédé serait le même en mettant le profil de la partie oblique verticalement et correspondant au dessus incliné de la partie horizontale.

### DÉVELOPPEMENT

Pour l'un ou l'autre de ces deux développements on voit très bien que le principe est le même expliqué dans la planche précédente et qu'il est inutile de répéter ici l'explication déjà donnée.

# FRONTON DE LUCARNE
avec pénétration oblique de la moulure inclinée sur la partie horizontale

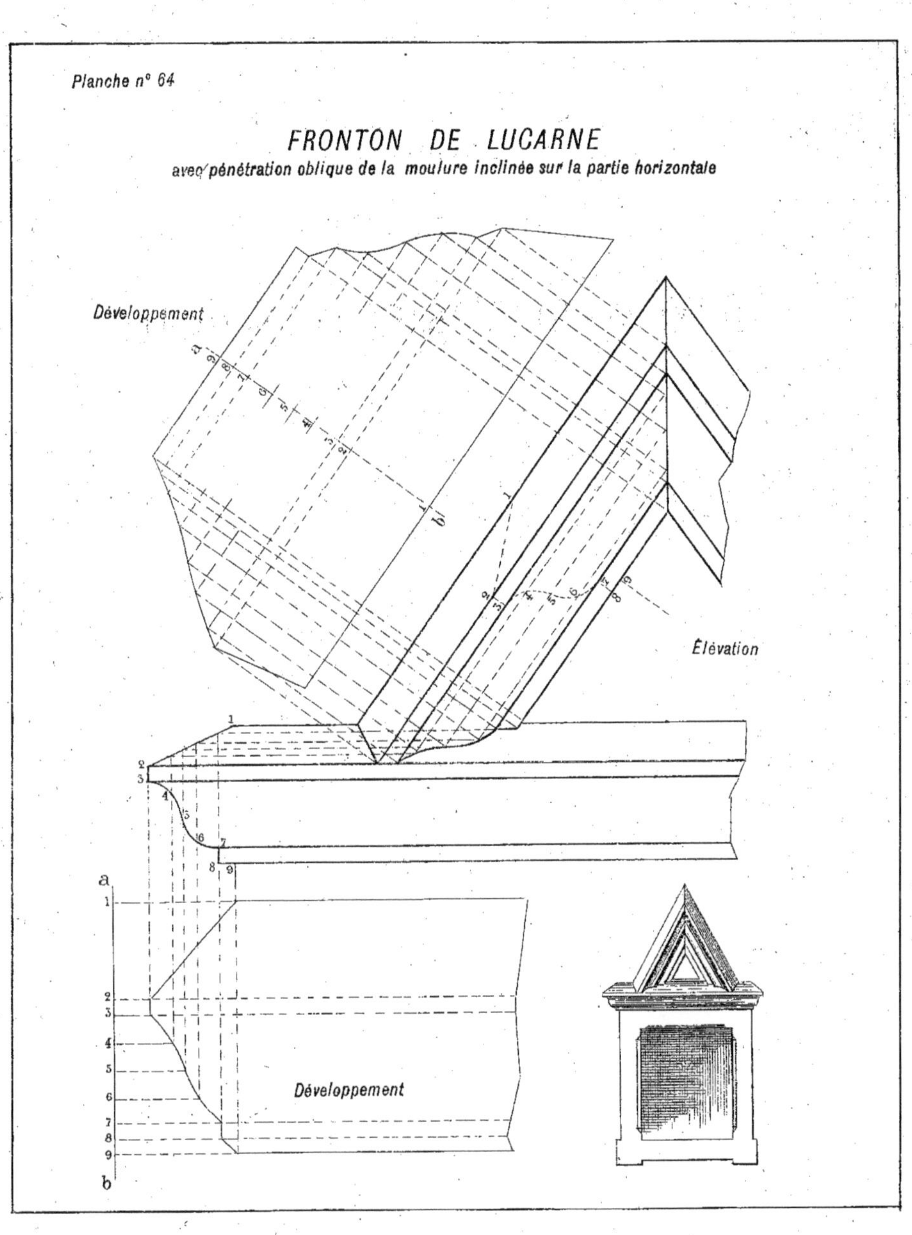

---

# COUVERTURE D'OBJET POLYGONAL

---

Dessinez d'abord votre élévation, puis abaissez les points correspondants et tracez votre plan vu du dessus du pilastre indiquant la partie à couvrir.

### Développement n° 1

Ce développement est le développement du pan perpendiculaire à la base de l'élévation dont le profil est obtenu directement par le tracé de l'élévation. perpendiculairement à ce pan et de chacun des points correspondants aux divisions du profil, tracez des parallèles ; sur la ligne $n5$ portez chaque partie du profil de l'élévation de chacun de ces points et perpendiculairement à la ligne $n5$ tracez des parallèles ; les points d'intersection de ces lignes avec celles partant des points correspondants du plan donneront une fois joints la forme du développement de ce pan.

### Développement n° 2

Pour avoir la longueur de ce développement, il faut chercher exactement le profil pris sur le milieu du pan ; profil sur $nm$ ; faites les longueurs $n'm'$, $n'o'$, joignez les points de divisions et vous obtenez le profil nécessaire pour avoir le développement. Il est inutile de répéter la manière de faire qui est exactement la même pour ce pan et pour n'importe quel nombre de pans le pilastre est formé.

# COUVERTURE D'OBJET POLYGONAL

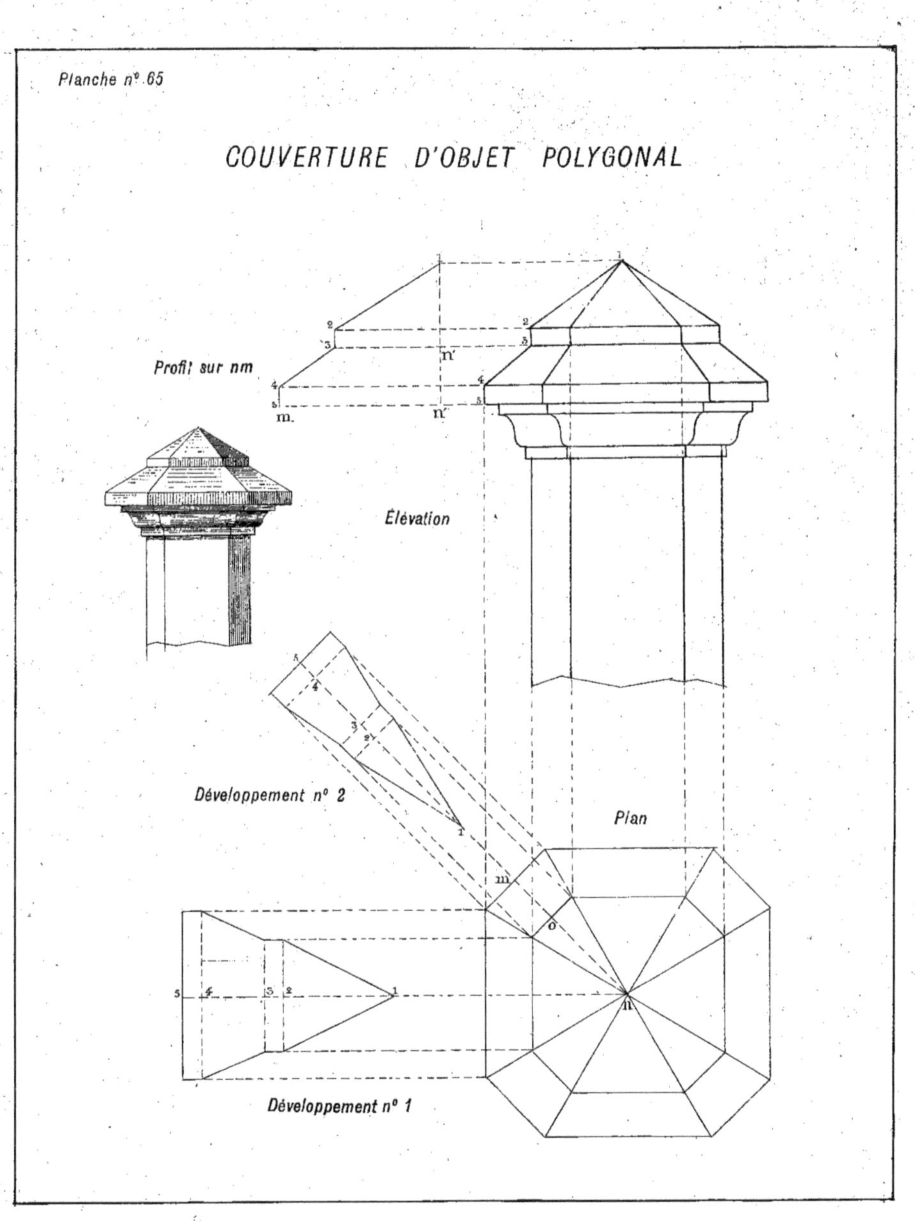

# SOCLE  A BASE CARRÉE ET OCTOGONALE

Socle formé d'un octogone venant se racorder avec quatre pans aux quatre angles d'une base carrée.

Dessinez d'abord votre plan, puis élevez les points correspondants et tracez votre élévation, faites ces deux figures avec les dimensions que vous jugez convenables.

## DÉVELOPPEMENT D'UN PAN

Divisez la ligne *ab* du pan de l'élévation en un nombre quelconque de divisions, abaissez chaque point de division sur la ligne correspondante *b'a'* du plan, de chaque point d'intersection menez des parallèles à *b'c'* ; tracez la diagonale *a'n*. Pour avoir le profil *a"d'* de la ligne du développement, tracez la ligne *a"x* parallèle à *ac*, menez des perpendiculaires à cette ligne partant des points *a 1, 2, 3, 4, b* ; du point *a'* du plan prenez chaque distance des points d'intersection des parallèles à *b'c'*, avec la diagonale que vous tracez en *a'1*, *a'2*, etc. jusqu'à la distance *a'd* que vous portez en *xd'*. De chaque point d'intersection des lignes *a'b'* et *a'c'* du plan, tracez des parallèles à la diagonale ; du point *a"* de la diagonale prolongée portez chaque division de la ligne du profil, de chacun de ces points tracez des perpendiculaires à la diagonale ; chaque point d'intersection de ces perpendiculaires avec les parallèles, seront les points de raccord des lignes *a"b'*, *a"c'* du développement ; faites *d'e'* égal à *ce* et *i'j'* égal à *ij* et vous aurez le développement total d'un pan.

## DÉVELOPPEMENT DES FACES DE LA BASE CARRÉE

Faites chaque face selon les dimensions des faces de votre élévation ; pour le pan incliné de la partie octogonale, faites *h'k'* égal à *hk* correspondant du plan, et la distance *pq* égal à *ce* de l'élévation.

# SOCLE A BASE CARRÉE ET OCTOGONALE

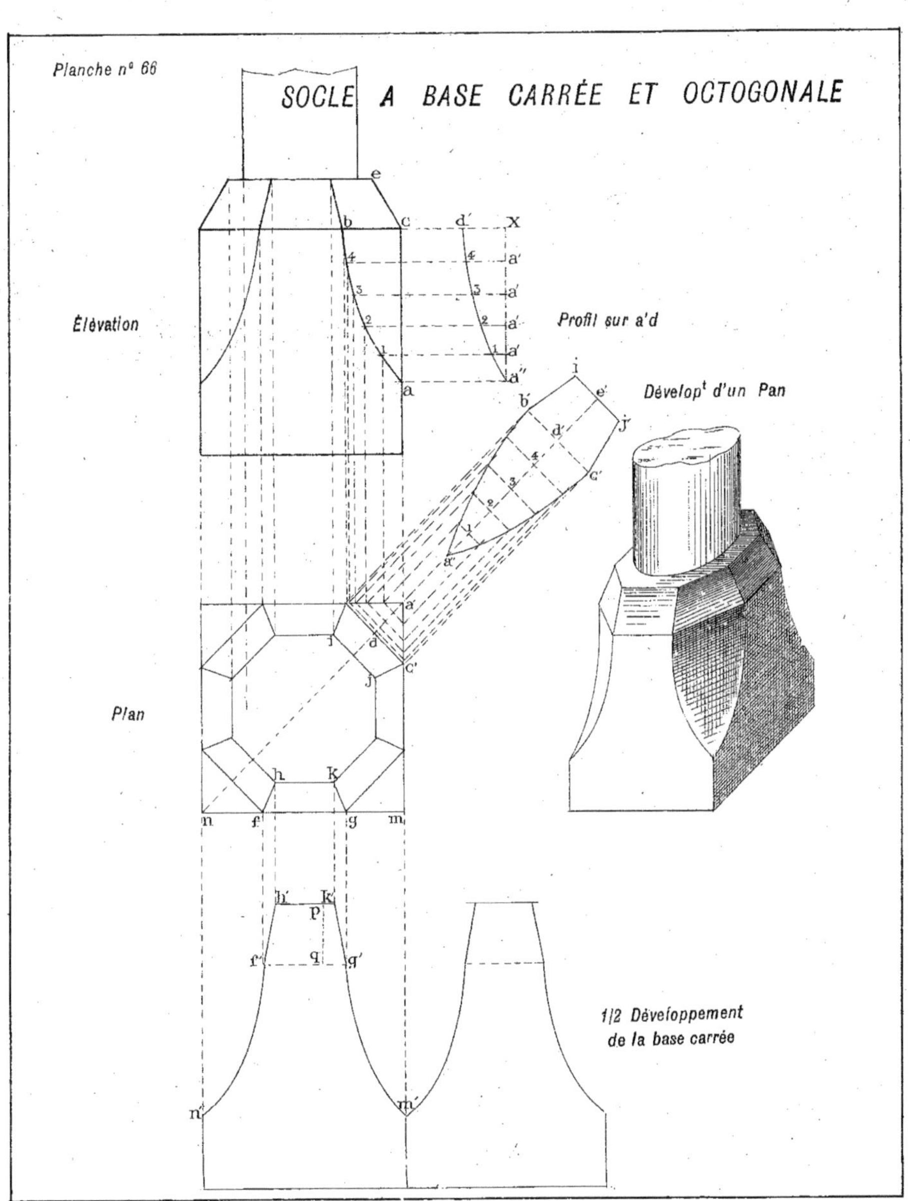

# SOCLE OCTOGONAL A BASE CARRÉE
## EN LIGNES COURBES

Socle dont la partie supérieure a la forme d'un octogone régulier et dont ses pans viennent se raccorder en ligne courbe de forme quelconque aux quatre faces d'une forme carrée.

Dessinez d'abord votre plan, puis élevez les points correspondants et tracez votre élévation ; divisez le profil *nm* d'une face de l'élévation en un nombre quelconque de parties, abaissez chacun des points de divisions sur la ligne *aef*, d'un des pans de l'octogone, de chaque point d'intersection tracez des parallèles à la ligne *ed* ; de chacun de ces points d'intersection avec les côtés *adg*, *aef* du pan de l'octogone, tracez les parallèles à la diagonale *oaa'*. Pour avoir le profil d'un pan, tracez la ligne *n'a* perpendiculaire à la base de l'élévation, de chacun des points du profil *nm* tracez des perpendiculaires à cette ligne, faites les distances *a1*, *a2*, *a3*, *a4*, etc., égales aux distances correspondantes du plan sur la diagonale *ao*. Tracez la ligne *m'a'* parallèle à la diagonale dont vous obtiendrez la longueur en faisant les divisions *a'1, 1.2, 2.3,* etc,, égales aux divisions correspondantes du profil du pan. De chacun des points de divisions tracez des perpendiculaires à la diagonale *ao*, chacun des points d'intersection de ces perpendiculaires avec les parallèles partant des points correspondants seront la limite du développement de votre pan. Pour avoir le développement d'une face tracez la ligne *nm*, faites les divisions *na, a1, 1.2,* etc., égales aux divisions du profil *nm* d'une face de l'élévation, de chacun de ces points tracez des parallèles à la base. Chacun des points d'intersection de ces parallèles avec les perpendiculaires partant des points correspondants des lignes *bch, adg* du plan seront la limite du développement d'une face de la base carrée.

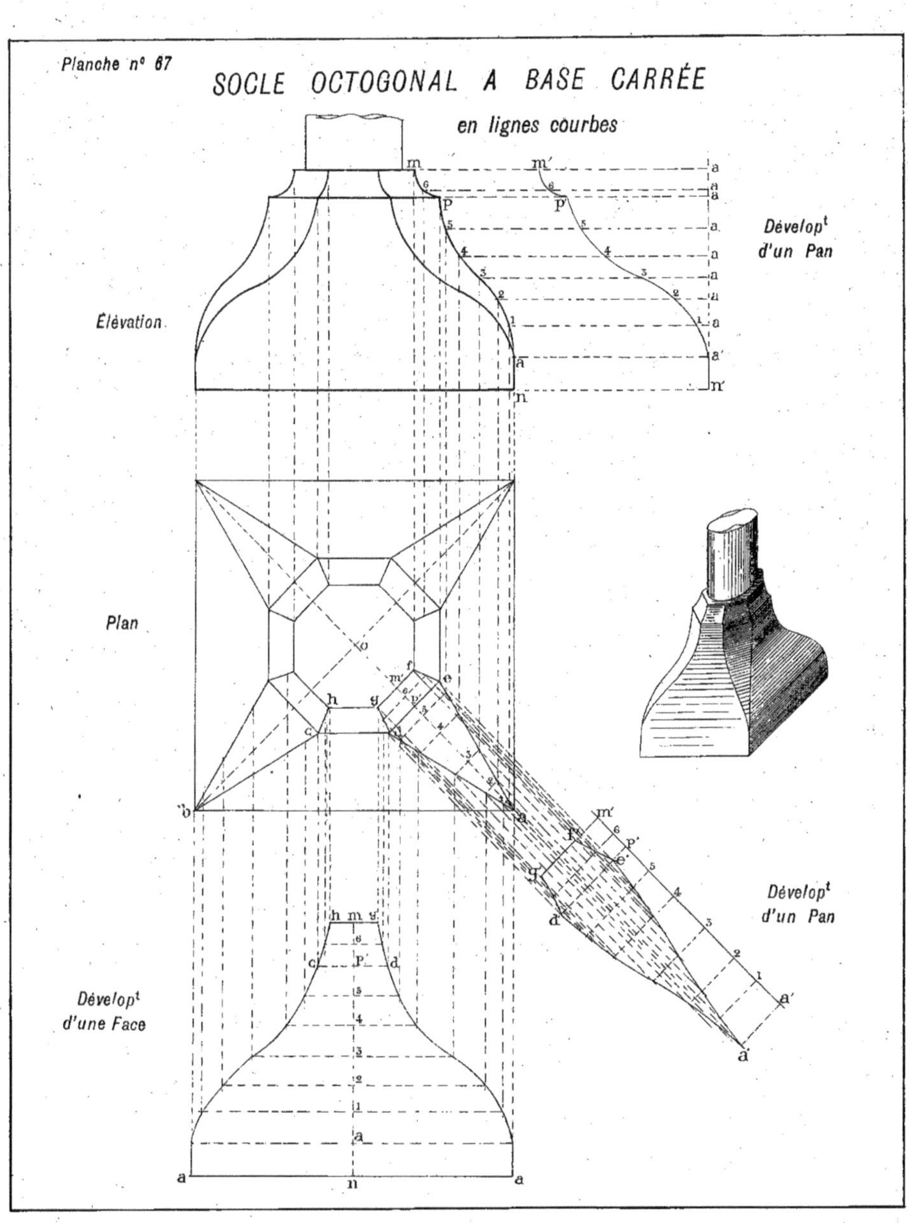

Planche n° 67
SOCLE OCTOGONAL A BASE CARRÉE
en lignes courbes
Élévation
Plan
Dévelopt d'une Face
Dévelopt d'un Pan
Dévelopt d'un Pan

# SOCLE A COTÉS ET PROFILS INÉGAUX

Développement des côtés d'un socle rectangulaire dont les profils des grands et petits côtés ont leurs développements différents,

Il faut d'abord avoir ces deux profils bien exactement, vous obtenez celui du petit côté d'après le dessin donné comme exemple, selon la forme que vous désirez; pour obtenir celui du grand côté se raccordant exactement avec le petit côté, portez sur la ligne *ab* parallèle au grand côté chacune des divisions de la ligne *a'b'* de l'élévation obtenues par les parallèles à la base partant de chacune des divisions du profil du petit côté; de chacun des points de division de la ligne *ab*, abaissez des perpendiculaires à cette ligne, les points d'intersection de ces lignes avec les parallèles partant des points correspondants des angles en plan donneront la forme exacte de ce profil. Pour le développement de chacun de ces côtés, portez sur chacune des lignes *cd* correspondant au développement chacune des divisions des profils, ensuite le procédé est toujours le même, et l'on voit très bien d'après l'exemple donné que le principe pour obtenir ces développements ne change pas et qu'il est inutile de s'étendre davantage pour toute explication.

# SOCLE A COTÉS ET PROFILS INÉGAUX

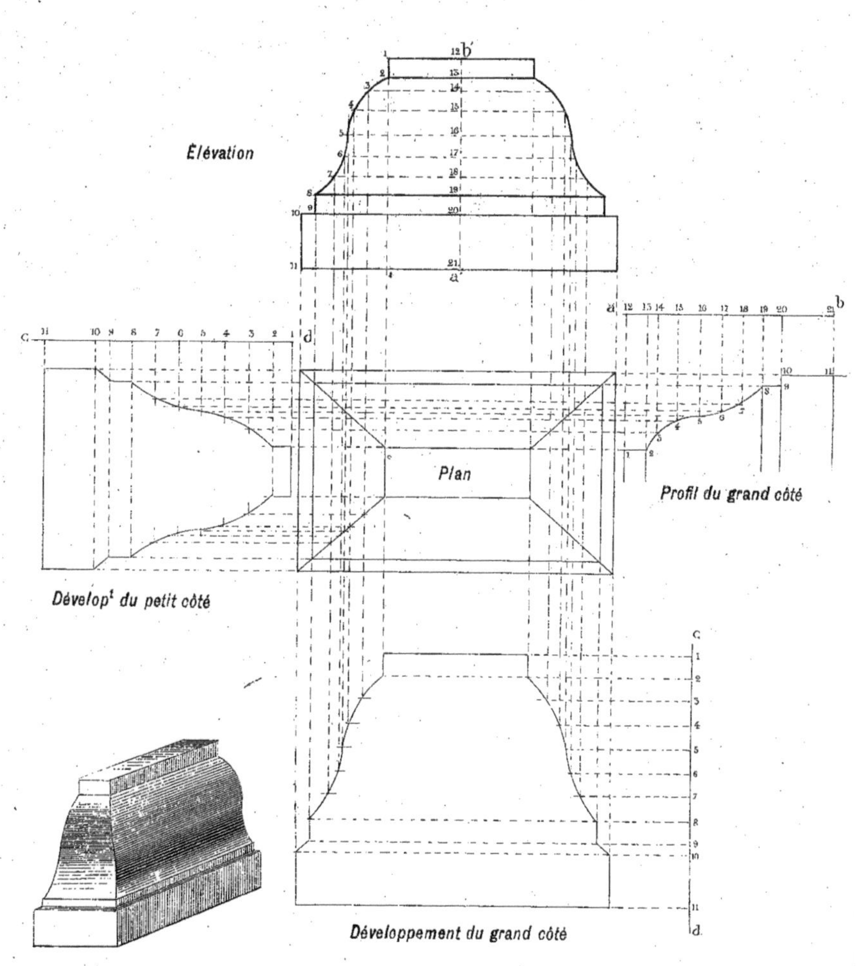

---

# SOCLE A PANS

---

Socle à pans dont les côtés correspondants sont seulement égaux, le profil a donc deux développements différents; le développement total d'un pan a été divisé en deux parties pour éviter la trop grande complication de lignes.

Procédé pour obtenir le profil sur *ab* c'est-à-dire du plus petit côté, profil qui est indispensable pour avoir le développement de ce pan. Divisez le premier profil que vous avez fait selon votre convenance en un certain nombre de parties, puis de chacun de ces points de divisions menez des parallèles au côté de ce profil; de chacun des points d'intersections de ces parallèles avec les arêtes de ce côté menez des parallèles au petit côté; des points de divisions du profil de l'élévation tracez des parallèles à sa base, tracez ensuite les lignes *cd* sur lesquelles vous portez chacune des divisions en plan du petit côté obtenu par les lignes qui lui sont parallèles et qui correspondent aux divisions du premier profil; de chacun des points de divisions des lignes *cd* élevez ou abaissez des perpendiculaires, les points d'intersections de ces lignes avec les parallèles partant des points correspondants du premier profil donneront la forme du profil du petit côté.

Pour le développement de chacun de ces pans le procédé est toujours le même que ce qui a été expliqué pour des cas analogues, il suffit de bien voir le dessin pour juger de suite ce qu'il y a lieu de faire.

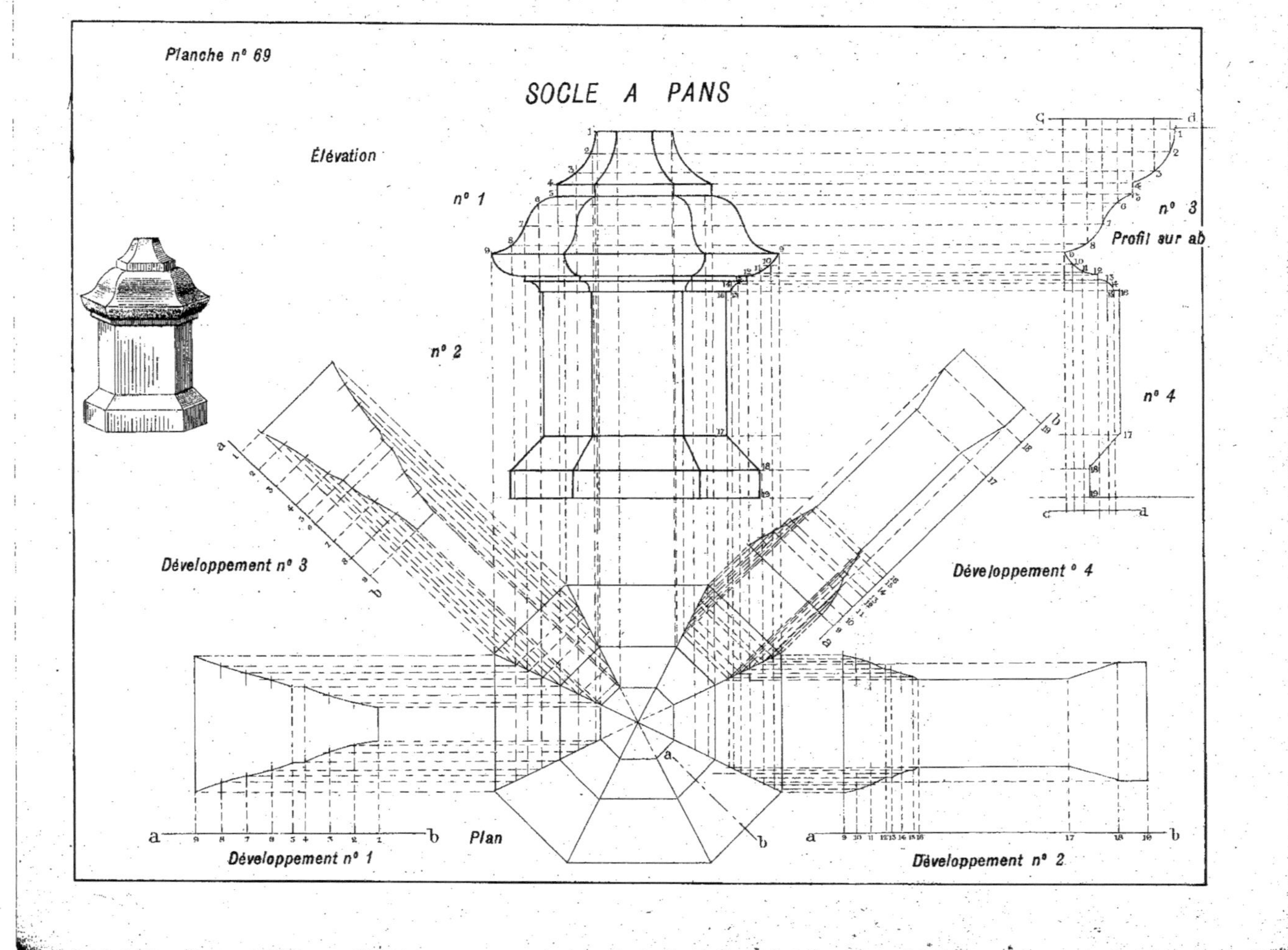

Planche n° 69
SOCLE A PANS
Élévation
n° 1
n° 2
n° 3
Profil sur ab
n° 4
Développement n° 3
Développement n° 4
Développement n° 1
Plan
Développement n° 2

# COUVERTURE OVALE A HUIT PANS

Couverture d'un kiosque ayant la forme ovale d'un polygone à huit pans. Il faut d'abord avoir les trois développements du profil qui change suivant les côtés dont il faut avoir les développements pour la construction de cette couverture.

Divisez le profil n° 1 en un certain nombre de parties ; abaissez chacune de ces divisions sur le côté lui correspondant en plan puis, faites suivre parallèlement chacune de ces deux divisions sur les deux autres côtés à développer tel que l'indique le dessin. Sur la base *ab* de l'élévation portez chacune des divisions en plan des deux côtés pour avoir le profil ; de chacun de ces points élevez des perpendiculaires, puis de chacun des points de divisions du profil n° 1 tracez des parallèles à la base de l'élévation ; les points d'intersection de ces lignes vous donneront les deux autres profils des deux côtés à développer. Pour avoir les développements de ces trois côtés différents, nous revenons toujours au même principe soit pour l'un ou l'autre de ces côtés ; vous portez sur une ligne *cd* les divisions de ces profils, cette ligne doit être parallèle aux perpendiculaires de ce côté à développer partant des points de divisions de chaque arête de ce côté, puis des points de la ligne *cd* vous abaissez des perpendiculaires et les points d'intersections de ces lignes vous donneront la forme développée de ce côté. En étudiant bien le dessin on se rend compte promptement de la manière de faire.

# COUVERTURE OVALE A HUIT PANS

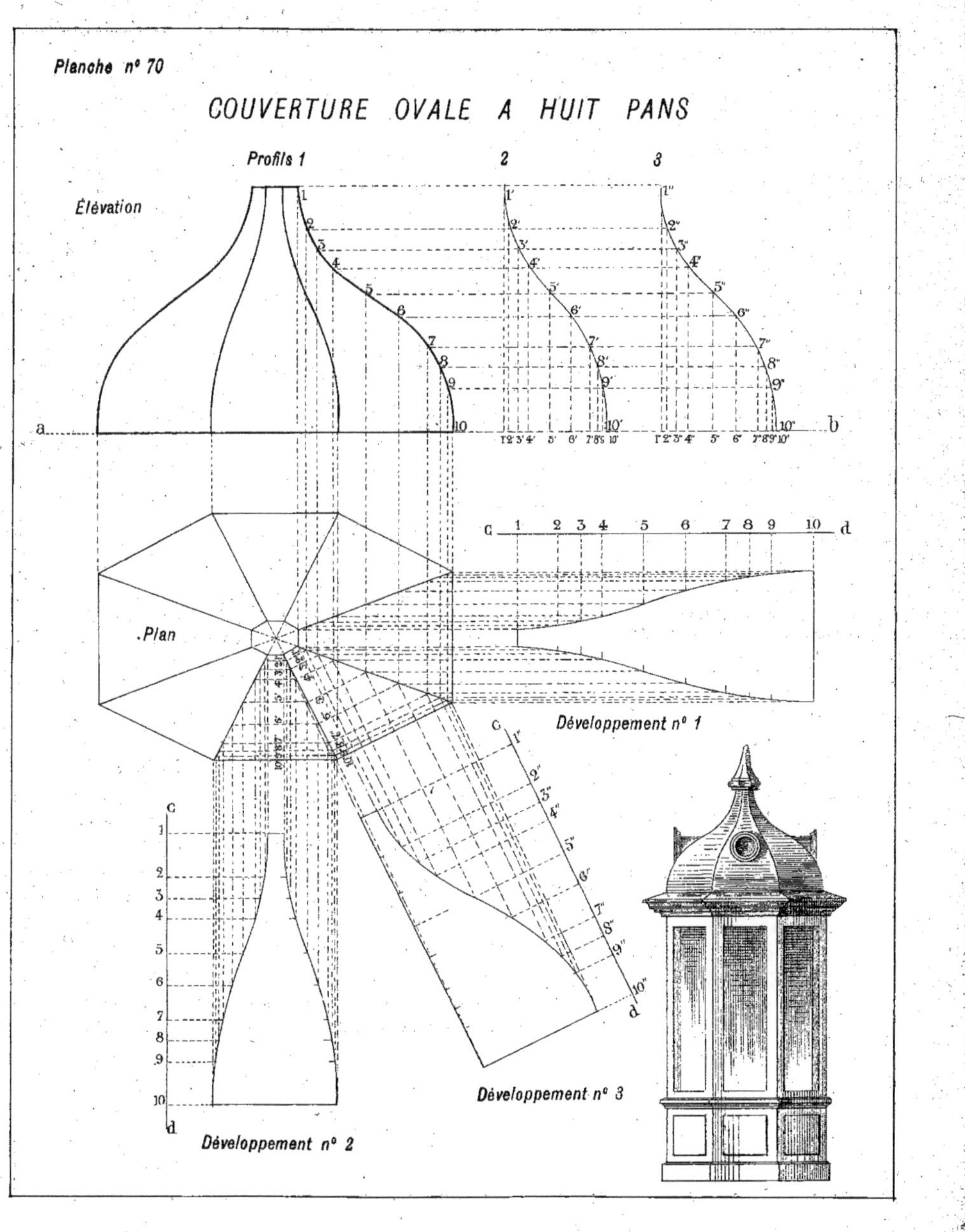

# MOULURES CINTRÉES
## RAYONS & DÉVELOPPEMENTS

Les figures nᵒˢ 1, 2, 3, de cette planche représentent des moulures cintrées de différents profils et la manière d'obtenir les rayons des développements nécessaires pour la coupe de ces moulures qui sont faites généralement au marteau ; le principe est basé sur le retrait du métal embouti et l'ouvrier doit user en partie de son bon jugement.

Du point de centre *o* de la partie cintrée tracez les deux rayons perpendiculaires *oa, ob* sur le rayon *ob* comme exemple ; tracez perpendiculairement à cette ligne le profil correspondant à la moulure de cette partie cintrée, tel que l'indique le dessin. Joignez les extrémités *cd* de chaque moulure courbe jusqu'à son intersection *n* avec le rayon *oa* ; faites la distance *ce* de cette ligne égale le plus exactement possible à la longueur de la moulure courbe à développer. Du point *n* comme centre, tracez les arcs de cercles partant des points *c* et *e* ; vous faites la longueur de ces arcs égale à la partie cintrée de la moulure, et vous obtenez la coupe nécessaire pour avoir, une fois la moulure faite, la forme courbe de votre modèle.

Le principe est toujours le même quel que soit le profil de la moulure et quelle que soit la forme circulaire à développer. Pour les parties courbes de plusieurs centres, il y a autant de développements différents qu'il y a de rayons différents. Exemple : la figure nᵒ 3.

# MOULURES CINTRÉES
### Rayons et Développements

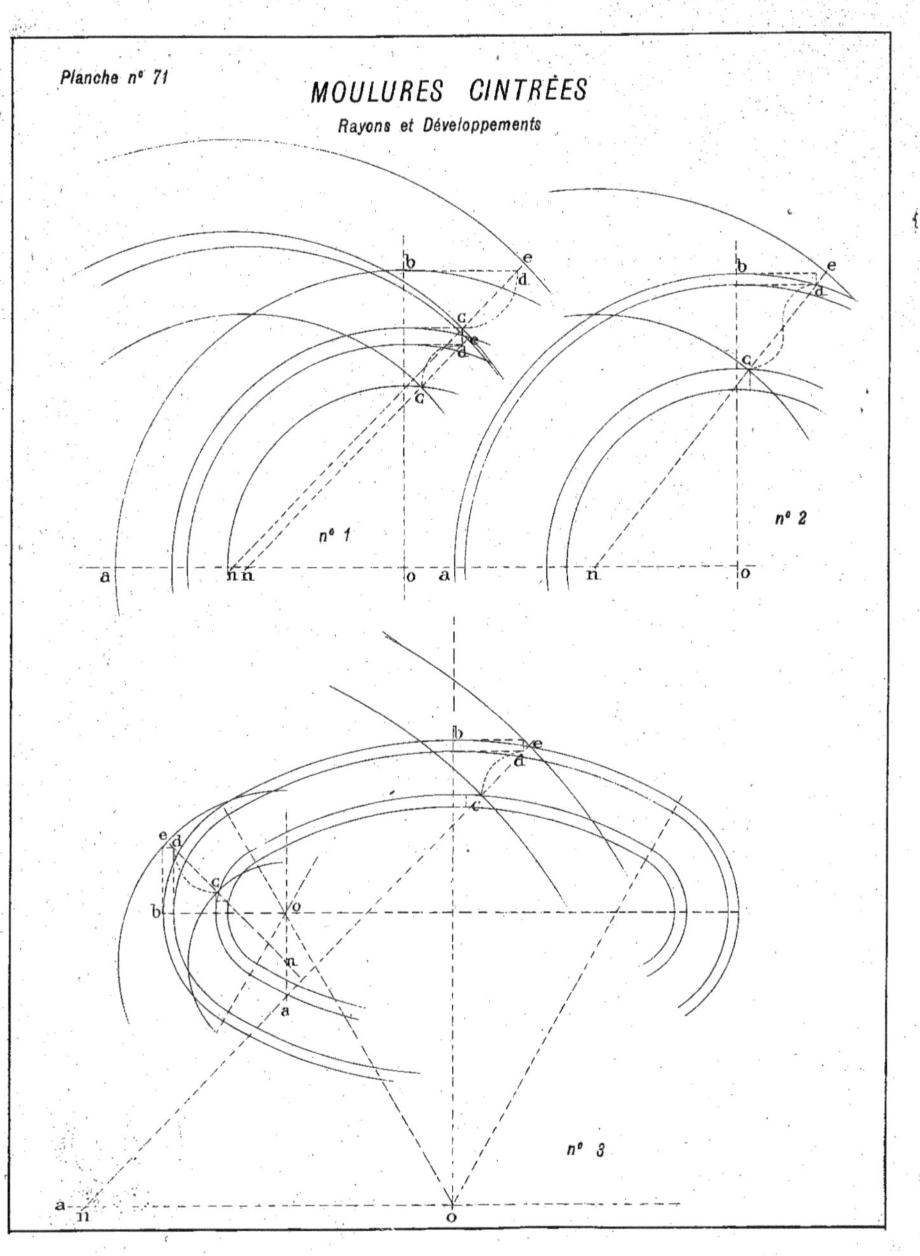

# TABLE DES MATIÈRES




Imprimerie Georges MOUTAILLIER, 43, Rue des Francs-Bourgeois. — Paris